AF242920

L'ARRÊTÉ GUEYDON

A LA MARTINIQUE

ET

L'ARRÊTÉ HUSSON

A LA GUADELOUPE

PAR

VICTOR SCHŒLCHER

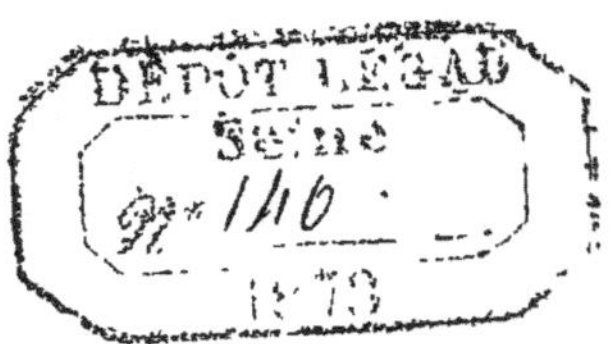

BIBLIOTHÈQUE NATIONALE PARIS

DÉPOT LÉGAL
Seine
N° 140
1873

PARIS

ARMAND LE CHEVALIER, ÉDITEUR

61, RUE DE RICHELIEU 61

Décembre 1872

ARRÊTÉ GUEYDON

SUR LA

Police du Travail à la Martinique

§ 1er.

PASSEPORT A L'INTÉRIEUR.

Le 10 septembre 1855, M. le contre-amiral Gueydon, alors gouverneur de la Martinique, publia un *arrêté sur la police du travail*, dont chaque article est un attentat à la liberté individuelle. Cet arrêté ayant encore force de loi, nous nous proposons d'en faire l'examen, et, en exposant tous ses vices, nous espérons montrer l'urgence de l'abroger.

Deux de ses plus mauvaises clauses, celle qui institue un passe-port à l'intérieur de la colonie et celle qui rétablit le livret, viennent d'être attaquées, avec beaucoup de talent et de raison, dans le sein du conseil général de la Martinique. Nous allons nous en occuper tout d'abord.

Or donc, l'art. 25 de l'arrêté Gueydon rend *obligatoire pour toute personne de l'un et l'autre sexe, âgée de seize ans accomplis, de se munir d'un passe-port à l'intérieur.* En vertu de l'art. 26, c'est *l'extrait du registre matricule de recensement qui devient passe-port*, mais il est enjoint au maire, chargé *de le viser chaque année*, de ne le délivrer qu'autant que le porteur témoigne du payement de son impôt personnel. Le visa du maire doit en outre dire : « *sujet à livret, ou non sujet à livret.* » L'article 28 punit *toute personne non pourvue de passe-port ou ayant un passe-port irrégulier*, d'une amende de 5 à 100 *francs*. L'art. 29 veut que le passeport *soit exhibé à première réquisition de la police ou de la gendarmerie, sous peine d'une amende de 5 à 10 francs.*

En somme, ce passe-port à l'intérieur de la Martinique équivaut à ce que serait en France l'obligation où nous serions tous, hommes, femmes, garçons et filles, âgés de 16 ans, de porter sur nous quittance d'une contribution directe, et de l'exhiber au premier gendarme venu, quelque part qu'il lui plairait de la demander !

Pour faire ressortir tous les mérites de cette institution, il faut citer l'article 70 : « *Les amendes, ainsi que les condamna-* « *tions aux frais et dépens prononcées par les tribunaux de* « *police, seront converties de droit en travail à la journée ou à* « *la tâche, à défaut de payement dans la quinzaine des pre-* « *mières poursuites.* »

L'honnête M. Gueydon avait ainsi trouvé le moyen, par une adresse toute jésuitique, d'appliquer la contrainte par corps au recouvrement de l'impôt personnel. En effet, le passe-port ne pouvant être visé qu'autant qu'on avait justifié du payement de l'impôt, et le porteur d'un passe-port irrégulier étant condamné à une amende qui le rendait passible de l'atelier de discipline s'il ne pouvait l'acquitter, c'était bien la contrainte par corps qu'il subissait. Ce système est d'une légalité au moins douteuse; il viole le principe du droit français qui ne permet pas de recourir à une telle extrémité en matière d'impôt, principe constaté par notre vieux dicton : « Où il n'y a rien, le roy perd ses droits. »

Ce qui rend encore plus odieux aux prolétaires le système du passe-port, c'est qu'il entraîne, à la moindre infraction, des frais montant à 30 et 40 francs, somme énorme pour eux et qu'un mois de travail ne suffit pas à acquitter.

Voici un reçu de l'enregistrement et des domaines que M. Verdet a mis sous les yeux du gouverneur en septembre dernier, à l'occasion de l'arrestation d'un malheureux condamné à l'amende pour avoir omis une fois de faire viser son passe-port :

Amende	10 fr.	00
Dépens.	10	45
Frais de poursuites	2	25
Frais de capture	7	50
Timbre.		20
	30 fr.	**40**

Dans la séance du 4 mai 1871, la commission financière du Conseil général de la Martinique demanda la nomination d'une commission spéciale, à désigner par l'administration, pour examiner les abus de ce mode de perception de l'impôt personnel, et proposer les moyens d'y remédier. Cette commission fut nommée, et son président, M. le procureur général Larougery, en fut le rapporteur. Son rapport (24 juillet 1871), qui commence par un grand éloge de l'arrêté Gueydon, démontre en même temps, comme on va le voir, qu'il est détestable : « — ... Mais tout s'use avec le temps.

« Les travailleurs ont cherché à se soustraire à une mesure « qu'ils considéraient comme une contrainte, et les proprié- « taires eux-mêmes ont renoncé peu à peu aux avantages « qu'ils pouvaient en retirer, dans l'intérêt de la police de « leurs habitations. *Chacun se sentait entraîné vers le droit* « *commun,* qui se résume dans une liberté plus grande dans « les rapports entre l'employeur et l'employé. Pendant qu'on « accusait l'administration de ne pas appliquer assez sévè- « rement les dispositions de l'arrêté, on se faisait concur- « rence pour les travailleurs, et *la plupart des propriétaires* « *étaient les premiers à violer la loi en admettant dans leurs* « *atelier de travail des individus porteurs de passe-port irré-* « *gulier.* »

« ..... Ce n'est pas tout encore. L'établissement du timbre « et l'élévation des droits d'enregistrement sont venus aug- « menter les frais de justice dans une notable proportion.

« Malgré les adoucissements que le parquet essaie de porter « à la rigueur de la poursuite, et les facilités données aux « justiciables de se libérer après un avis et même après une « citation, il y a toujours des contrevenants à déférer à la « simple police. En ce cas, *une amende de 5 francs s'élève,* « *avec les frais, à* 20, 30 *et quelquefois 40 francs,* quand le « délinquant se laisse condamner par défaut. Ce qui est plus « fâcheux encore c'est que *l'impôt devient inique par la diffi-* « *culté d'atteindre également tous les contribuables.* Les dé- « linquants les moins intéressants échappent le plus souvent « aux conséquences de la poursuite.

« On ne peut se dissimuler que le développement de cet « appareil judiciaire, pour le recouvrement d'une minime « somme de 5 francs, montant de l'impôt, pèse trop lourde-

» ment sur le justiciable et *blesse tous les sentiments de justice*
» *et d'équité.* L'administration a eu souvent à déplorer cette
» situation et a vainement cherché, sur les instances du par-
» quet (1), à y porter remède.

« Ajoutons, enfin, que toutes ces circonstances réunies ont
« préocupé l'opinion publique, et que l'on a été insensible-
« ment conduit à discuter, sinon la légitimité de l'impôt, du
« moins *la légalité ou la constitutionnalité de son mode de per-*
« *ception.*

« Le moment est venu de céder à ce courant d'opinion et
« de reconnaître que les dispositions de l'arrêté du 10 sep-
« tembre *ont fait leur temps, en ce qui concerne les moyens*
« *adoptés, jusqu'à ce jour, pour le recouvrement de l'impôt*
« *personnel.* La commission, à l'unanimité, s'est prononcée
« en ce sens. »

Examinant un projet mitigé, qui aboutissait néanmoins à la
saisie du corps, la commission le repousse en ces termes :
« En premier lieu, il est à supposer que le conseil général se
« montrera peu favorable à la substitution d'un moyen de
« coercition à un autre moyen de contrainte, dont il demande
« l'abolition. Y serait-il favorable, qu'il ne serait pas dans
« les attributions de l'administration locale de prendre l'ini-
« tiative d'*une mesure de rigueur non autorisée par la loi sur*
« *l'assiette de l'impôt.*

« En second lieu, s'il devient nécessaire de s'adresser aux
« pouvoirs métropolitains, il y aurait peu de chance d'obtenir
« une dérogation aussi manifeste aux règles de perceptions
« en vigueur en matière de recouvrement d'impôt. Déjà une
« loi du 22 juillet 1867 a aboli la contrainte par corps, même
« en matière criminelle *pour le recouvrement des frais de*
« *justice.* Cette loi n'a été qu'en partie rendue exécutoire aux
« colonies, mais ces principes, si hautement proclamés sous
« le gouvernement impérial, permettent-ils d'espérer que,
« sous le gouvernement républicain, on fera revivre la con-
« trainte par corps, dans l'intérêt de la perception d'un im-
« pôt ?... En présence des considérations qui précèdent, la
« majorité de la commission ne croit pas pouvoir prendre

---

(1) Il ne faut pas oublier que le rapporteur est le chef du parquet.

« l'initiative d'une proposition qui nous placerait si complé-
« tement en dehors du droit commun de la métropole... On
« chercherait en vain, *par un subterfuge*, à échapper à la ques-
« tion légale, et, au point de vue des frais et des abus de la
« poursuite, on retrouverait les mêmes inconvénients qui ont
« amené *la condamnation du régime de l'arrêté du 10 septem-*
« *bre 1855.* »

On s'étonne après ce qu'on vient de lire, que la commission
ait parlé de ce régime comme ayant jamais été bon. Un
régime qui, dans son application, *« blesse tous les sentiments de*
justice et d'équité » a toujours été mauvais, tyrannique, im-
moral; il ne l'était pas moins en 1855 qu'aujourd'hui. Quoi
qu'il en soit, la commission concluait en disant : « On se
« trouve dans cette alternative de renoncer définitivement à
« cet impôt ou de sortir du droit commun pour en assurer la
« perception. Il appartiendra à la représentation du pays,
« quand elle examinera la question d'apprécier si *les scrupules*
« *de la légalité* doivent prévaloir sur un intérêt financier. »

Le Conseil général a consacré de nouveau une longue
séance (28 novembre 1871) à discuter la question. Là, malgré
ce que la commission avait énoncé de si grave contre l'arrêté :
« qu'il avait fait son temps, » « qu'il blessait tous les senti-
mets de justice et d'équité, » « qu'il était condamné, » que
« chacun se sentait entraîné vers le droit commun; » M. Trillard, directeur de l'intérieur, le défendit tel quel et demanda
son maintien. Heureusement, plus sensible que ce haut
fonctionnaire bonapartiste « aux scrupules de la légalité, » le
Conseil a décidé, à la majorité de 15 voix contre 6, que « l'im-
« pôt personnel serait à l'avenir perçu par les voies ordinaires
« appliquées aux autres impôts et sans contrainte par corps. »

Quiconque n'a pas le goût de l'oppression des classes pauvres approuvera ce vote éclairé. Sans contrainte par corps, a
prétendu M. Trillard, « les oisifs, les paresseux, les vaga-
« bonds, pourront se soustraire impunément à l'impôt; mieux
« vaut sa suppression que son maintien sans possibilité de
« l'exiger. » Personne n'est dupe de ces exagérations cal-
culées, tout le monde sait que le droit de saisie des biens
donne parfaitement la possibilité d'exiger l'impôt de celui qui
est en état de le payer. Jamais il ne s'est rencontré, en France,
un homme assez fou pour dire qu'il fallait renoncer aux con-

tributions directes, parce qu'on manquait de la contrainte par corps pour les faire rentrer. Tout n'est pas perdu parce que M. Trillard et ses amis n'auront pas la satisfaction de voir un nègre ou une négresse de 16 ans condamné à l'atelier de discipline tel qu'il est organisé, c'est-à-dire aux travaux forcés, faute d'avoir soldé leur impôt personnel. Il n'y a nul besoin de rétrograder jusqu'à la barbarie des codes antiques qui livraient la personne du débiteur insolvable à son créancier. Le fisc aura toujours, à la Martinique comme en France, le droit de saisie des biens, pour forcer à s'acquitter le contribuable de mauvaise volonté qui posséderait quelque chose. « Mais, a dit M. Trillard avec un membre du Conseil, ce « droit est nul dans un pays où les sept huitièmes de la popu- « lation n'offrent pas de gages saisisables. » Si cela était vrai, si les ouvriers, les cultivateurs, recevaient chez vous un sa- laire tellement infime qu'ils ne pussent se donner de quoi répondre de leur impôt personnel, si les sept huitièmes d'entre eux ne possédaient absolument rien, oh ! alors ne vous plaignez pas, n'accusez que vous-mêmes, hâtez-vous d'être plus justes, plus humains, rémunérez vos travailleurs comme ils doivent l'être et vous retrouverez vite chez les récalcitrants « des gages saisissables. »

Dans tous les cas, l'argument est d'autant plus faux que la saisie de la personne ne fait rentrer presque rien au Trésor public. Ceux qui auraient uniquement en vue l'intérêt du Trésor, doivent savoir que l'État ne gagne pas grand chose à prendre à sa charge le contribuable insolvable. Ce qu'il en coûte pour l'arrêter, le garder, le loger, le vêtir et le nourrir, est à peine compensé par le produit du travail qu'on lui arrache à l'atelier de discipline.

L'impôt personnel remonte aux décrets d'émancipation de 1848, lesquels stipulaient qu'il serait perçu par les voies et moyens employés en France pour le recouvrement de toute autre contribution. En l'établissant le gouvernement provi- soire l'envisageait comme une mesure bien plutôt morale que fiscale. Son caractère moralisateur n'est contesté par per- sonne; aussi, le Conseil de la Martinique a-t-il sagement fait de le maintenir : il est trop léger pour être gênant, et il attache le petit contribuable à son titre de citoyen, en lui apprenant d'une manière directe qu'il concoure aux charges de l'État.

§ 2.

PARTIALITÉ DANS L'APPLICATION DE L'ÉDIT SUR LE PASSE-PORT.

Après avoir décidé que l'impôt personnel serait perçu sans la contrainte par corps, le Conseil général a émis le vœu que le passe-port fut aboli. Loin de déférer à ce vœu, M. Trillard a lancé il y a deux ou trois mois, une circulaire enjoignant aux maires de tenir sévèrement la main aux exigences de l'arrêté Gueydon. Cette affectation à montrer son dédain au Conseil général peut servir ses rancunes, mais elle ne le fera passer nulle part pour un administrateur prudent. S'il est pour l'autorité un devoir de conduite plus impérieux que tout autre, c'est de n'être jamais provocatrice. Le passe-port à l'intérieur de la Martinique, continuera jusqu'à ce que le pouvoir central intervienne à y produire ses mauvais effets, à compromettre la liberté de locomotion et à réveiller de fâcheux souvenirs en rappelant une pratique de l'esclavage. Il n'est d'aucune utilité contre le vagabondage, il ne sert qu'à garder dans une sorte d'abaissement la classe ouvrière et agricole qui s'y trouve exclusivement assujettie. Nous disons exclusivement, car l'arrêté l'impose, il est vrai, à tout le monde, mais il est notoire qu'agens de police et gendarmes ne somment jamais de l'exiber ce qu'on appelle les gens comme il faut, qu'ils « connaissent » ou non « leur domicile et leur identité. » (Art. 29.) Si la police n'était trop bien apprise pour le demander à un blanc ou à une blanche, il serait supprimé depuis longtemps. L'humiliation n'en est que plus sensible aux nègres qui le voient demander même à leurs femmes et à leurs filles.

Est-il donc d'un avantage quelconque pour l'ordre social que les gendarmes puissent forcer un passant noir ou jaune, dont la figure ou le costume leur déplaît, à leur montrer son nom visé par le maire, y a-t-il là véritablement une garantie pour l'ordre et le travail ? Les propriétaires, les colons en sont, certes, les meilleurs juges, ils seraient assurément les plus attachés à y veiller s'ils y voyaient un bénéfice pour les intérêts de l'agriculture. Eh bien ! le passe-port à l'intérieur favorise si peu la police du travail, que les propriétaires sont les premiers à négliger le rôle qui leur est attribué dans son fonctionnement complet par l'art. 47 du bienheureux arrêté :

« *Toute personne assujettie à viser des livrets doit s'assurer* « *préalablement à l'apposition des visa que le porteur est muni* « *de son passe-port en règle, sous peine d'une amende de 5 à* « *10 francs.* »

Admirons d'abord le premier effet de cet article : Un travailleur qui a ponctuellement payé son impôt jusqu'à l'année 1871 ne peut le payer en 1872, il n'obtient pas le visa nécessaire pour rendre son passe-port valide, et comme il est défendu sous peine d'amende de l'employer il ne peut plus obtenir l'occupation qui le mettrait à même de satisfaire le fisc ! Il devient forcément la proie de l'atelier de discipline.

Mais il est sorti de l'art. 47 un autre mal particulier beaucoup plus grave : les colons ont trouvé gênant pour eux ce rouage de la machine de compression ; il est avéré, le rapport officiel de M. Larougery que nous avons cité plus haut en fait foi, il est avéré que, quand ils ont besoin d'un travailleur, ils l'emploient sans s'inquiéter le moins du monde de savoir si ses papiers sont en règle ; néanmoins, les agents de police qui verbalisent contre le travailleur qu'ils trouvent en faute chez eux, ne verbalisent jamais contre eux ! Ainsi le croit bon la justice coloniale. Un juge de paix, appartenant d'ailleurs à la catégorie des gens bien pensants, mais qui n'y a pas perdu le sentiment de l'équité, a manifesté une grande répugnance à condamer le pauvre noir cité devant lui, pendant que son employeur blanc ne l'était pas, quoique l'un et l'autre fussent ensemble passibles de l'art. 47. Il est à notre connaissance que ces scrupules ont été fort mal accueillis par l'autorité judiciaire. Il ne faut pas attenter à la démarcation des classes, les grands ne sont pas tenus d'obéir à la loi comme les petits. Cette justice distributive est plus choquante encore de la part des gens qni soutiennent l'arrêté Gueydon comme utile à la police du travail ; dans ce cas le propriétaire en contravention serait plus coupable encore, que le travailleur de ne point l'observer, et lui seul obtient l'impunité !

Où est la condition première, essentielle de l'ordre, sinon dans l'application de la loi sans distinction de classes, de rangs, de fortune, ni même de couleur de la peau ? Et cependant, nos grands défensseurs de l'ordre aux colonies ne veulent pas que la loi atteigne certains privilégiés.

M. Trillard a reproché à un orateur du conseil général d'avoir « opposé le cultivateur au propriétaire. » C'est là une phrase toute faite à l'usage des amis de l'ordre. Elle est devenue ridiculement banale. Pourquoi donc, en attachant ce blâme à un simple discours, qu'on ne lira guère dans les campagnes, M. Trillard l'épargne-t-il à l'éclatante partialité que nous critiquons ? Croit-il que ce soit un bien bon moyen de rapprocher le cultivateur et le propriétaire, que de tenir la balance si constamment inégale entre eux ? Pense-t-il qu'aigrir l'un en lui imposant un régime vexatoire, et énorgueillir l'autre en lui créant une prérogative, soit une politique de conciliation ? Suppose-t-il que les noirs manquent de remarquer que l'on ne poursuit pas le propriétaire blanc et que l'on poursuit le cultivateur noir, alors qu'ils sont en contravention de même nature ? Connaît-il assez peu le cœur humain pour imaginer que cette remarque ne saurait donner au cultivateur beaucoup de sympathie pour le propriétaire ? En tous cas, toujours sert-elle à lui rendre la chaîne du passe-port encore plus insupportable. Le plus tôt qu'on l'abolira sera le mieux.

§ 3

DU LIVRET

On sait de longue date que les prolétaires des Antilles ont le livret en profonde aversion, la commission coloniale, instituée par décret du 29 novembre 1849, l'a constaté nettement à plusieurs reprises. « Si la sous-commission avait « cru pouvoir exiger partout le livret pour lequel les « affranchis des Antilles paraissent avoir une profonde répu- « gnance, etc. » (Rapport, par M. Barbaroux, au nom de la sous-commission de la police du travail. — Voir *Procès-verbaux de la commission coloniale*. Paris, 1850, page 147.) « S'il est vrai que l'obligation de se soumettre au régime du « livret soit considérée, dans certaines colonies, comme un « signe et un reste de l'ancienne servitude, comme une sorte

« d'acheminement à y revenir, il est bon d'imposer ce signe
« de défaveur à ceux qui répugneraient au travail régulier et
« à l'engagement. C'est exploiter un préjugé, une préven-
« tion au bénéfice des idées saines. » (Même rapport,
page 148.) Dans la discussion qui eut lieu à la suite de ce rapport, nous lisons : « *M. Passy*. Il y a dans certaines colonies
« une grande répugnance à accepter le livret (p. 166). —
« *M. le Directeur des colonies*. Une tentative a été faite à la
« Martinique il y a une douzaine d'années, elle a donné lieu
« à de très-vives résistances et a fini par échouer. Mais il se-
« rait possible que ce qui, en présence de l'esclavage, était
« considéré comme intolérable pour les affranchis, qui seuls,
« en fait, étaient soumis à la formalité en question, ne fut
« pas envisagé de même aujourd'hui qu'il s'agirait d'une me-
« sure uniforme, susceptible d'être appliquée à tous. » —
« *M Passy* ne saurait admettre cette éventualité favorable. »
(page 173.)

La commission coloniale de 1849, sortie de la réaction qui
commençait à préparer l'empire, ne comptait guère parmi
ses membres que MM. Passy, Isambert et Barbaroux, qui ne
fussent pas très-hostiles aux nouveaux affranchis, elle ne se
crut pas permis de les forcer à contracter des engagements
de travail d'une année entière au moins, mais, afin d'atteindre
le même but, elle se fit une arme de l'aversion qu'elle leur
connaissait pour le livret, elle en exempta ceux qui souscri-
raient des engagements à long terme ; elle en faisait de la
sorte une punition pour les autres.

L'arrêté Gueydon suit cette voie, son article 40 dispense
aussi du livret les engagés de plus d'une année. Si le livret
est utile au maintien de l'ordre, s'il est, comme on le prétend, une garantie tout à la fois pour l'employé et l'employeur,
il n'y a aucune bonne raison pour priver de cette garantie les
engagés de plus d'une année. Non, votre livret n'est qu'un
instrument de compression que vous appliquez à une certaine
classe de la société ; voilà la vérité et nul ne s'y trompera en
voyant les rigueurs que vous y mettez.

« *Tout individu travaillant pour autrui, soit à la tâche, soit*
« *à la journée, soit en vertu d'un engagement de moins d'une*
« *année, tout individu attaché à la domesticité, doit être muni*
« *d'un livret.* » (Art. 40.) Si cette loi était faite pour tout le

monde, le commis de magasin, le clerc de notaire, etc., qui travaillent au mois, devraient être soumis au livret.

Même les enfants de 12 ans y sont assujettis, oui les enfants de 12 ans, nous n'exagérons rien : « *Le livret ne sera pas exigé des enfants au-dessous de 12 ans travaillant pour autrui.* » (Art. 40.) Est-il bien certain que la tranquillité publique serait en grand danger si un petit garçon ou une petite fille de 12 ans, déjà obligés de travailler à cet âge, n'avaient pas de livret? Faut-il prendre les nègres si jeunes pour les former à ce « reste de l'ancienne servitude? »

« *Le livret, outre les noms, prénoms, surnoms, etc., contien-*
« *dra la profession du porteur et la manière dont elle est exer-*
« *cée, à savoir s'il travaille à l'année, au mois, à la journée*
« *ou à la tâche.* » (Art. 42.) Qu'importe à l'ordre général que mon livret dise de quelle manière j'exerce ma profession?

« *En ce qui concerne les individus travaillant à la tâche ou*
à la journée ou pour des employeurs différents, le livret con-
tiendra la constatation du domicile, au moyen d'un visa inscrit
à l'entrée, mensuellement, et à la sortie par le propriétaire qui
loge le porteur. Le visa d'entrée fera mention du prix du loyer,
le visa mensuel et le visa de sortie constateront le prix de ce
loyer. » (Art. 45,).-

Notez que ces méticuleux visas doivent être mensuels. Aujourd'hui le propriétaire est sorti, point de visa; demain vous n'avez pas le temps, point de visa. Tant pis pour vous, si un gendarme vous rencontre avec un livret manquant du visa du mois, il vous conduira devant le commissaire de police. Que de fatigantes préoccupations, que d'ennuis, que d'entraves! On a aussi de la peine à comprendre quel intérêt M. l'amiral Gueydon pouvait trouver à savoir ce qu'un travailleur paie de loyer, car assurément, quant à ce qui est de la société, elle ne court aucun risque à l'ignorer. Certains raffinés ont fait de l'art pour l'art; M. Gueydon est un raffiné dans son genre, il fait du despotisme pour le despotisme.

« *En cas de non payement de loyer, les propriétaires ou prin-*
cipaux locataires pourront refuser les visas mensuels. » (Art. 43.) Un ouvrier a été malade, il a fait une perte, enfin, pour une cause quelconque, il ne peut payer ce mois-ci; le propriétaire est rigoureux, il refuse le visa. Le livret n'est pas en règle; amende. (Art. 40.) Nécessairement, il ne peut payer davan-

tage l'amende, vite à l'atelier de discipline s'il ne veut pas contracter aussitôt un engagement de travail. (Art. 70.) Nous parlerons tout à l'heure de l'atelier de discipline.

« *Le livret doit être exhibé à première réquisition de la police ou de la gendarmerie par tout individu dont le passe-port porte* SUJET A LIVRET, *sous peine d'amende de 5 à 10 fr.* » (Art. 50.) Cette obligation d'exhiber passe-port et livret à toute réquisition a engendré mille abus, mille vexations, mille petites tyrannies des gendarmes. La condition du citoyen le plus tranquille, placé, quelque part qu'il aille, comme un repris de justice, sous la main de la police, blesse singulièrement jusqu'aux plus débonnaires ; elle ne cesse de soulever des plaintes très-vives. Pauvre nègre ! son passeport bien en règle dit son nom, sa demeure, atteste qu'il a payé son impôt ; cela ne suffit pas aux Gueydons, il leur faut l'exhibition du livret indiquant de quelle manière il travaille, et quel est le montant de son loyer ; surtout qu'il ait bien soin de ne pas oublier les deux papiers chaque fois qu'il sort, car l'absence de l'un d'eux le constitue en contravention.

Mais ce n'est pas là encore assez d'inquisition : « *Tout indi-* « *vidu dont le livret ne porte pas de visa d'employeur consta-* « *tant un travail régulier, est tenu, lorsqu'il en est requis, par* « *la police ou la gendarmerie, de justifier de l'emploi de son* « *temps en désignant les travaux auxquels il est livré et en in-* « *diquant les personnes pour lesquelles il a travaillé.* » (Art. 51.) De sorte que vous a-t-il plu de vous reposer, ou de ne louer vos bras qu'un certain nombre de jours par semaine, ou bien n'avez-vous pu trouver d'ouvrage au taux qu'il vous convient de mettre à votre labeur, le précieux livret, enfin, ne constate-t-il pas que vous travaillez *régulièrement ;* vous devenez la proie de la police ; vous êtes condamné à lui rendre tous les comptes qu'il lui plaît d'exiger, si parfaitement en règle que soit d'ailleurs votre passe-port ! A part même la facilité avec laquelle le livret peut devenir un instrument de persécution, quoi de plus insupportable, de plus irritant que cette perpétuelle immixion de la police dans votre vie ! Et quoi de moins utile ? C'est tourmenter les malheureux réduits à la servitude du livret pour la triste satisfaction de les tourmenter.

Il est bon de montrer, par un fait déterminé, quelle gêne,

quelles tribulations ce genre particulier d'oppression cause aux personnes les plus honnêtes. La servante d'un grand colon, et pourquoi ne pas le nommer, de **M.** Bailly, de la Trinité, était chez lui à l'année, ou plutôt comme il le disait : « à « perpétuité. Elle avait mérité, par son dévouement soutenu, « de ne plus y être considérée comme une servante, elle était « devenue une enfant de la maison. » Maître et servante ne s'inquiétaient guère de tenir le livret au courant, et la police, qui n'a garde de s'introduire chez un grand colon, ne s'en inquiétait pas davantage. Dans cette situation, elle va passer quelques jours chez sa mère. Mais là, c'est autre chose, la police pénètre chez elle, demande le passe-port, constate qu'il n'a point les visas voulus, fait son rapport et voilà la bonne honnête servante citée devant le juge de paix pour contravention à l'édit Gueydon ! De **M.** Bailly, pas question, sinon que tout aussi criminel qu'elle-même, c'est lui qui intercède pour qu'on la laisse tranquille.

Autre exemple : une femme, Marie **J.**, emploie accidentellement Eugénie **B.**, jeune fille âgée de 15 à 16 ans, dont elle paie les services en la nourrissant. La police, qui ne s'est pas aperçue pendant plusieurs années que **M.** Bailly et sa servante observaient fort peu les prescriptions inquisitoriales, découvre vite que la femme Marie **J.** et Eug. **B.** ne les observent pas non plus. Elle verbalise et les traduit devant le tribunal de simple police pour la femme **J.** ; « emploi d'une servante non munie de livret » (art. 47) ; la fille Eugénie : « défaut de livret » (art. 40.) Le tribunal les relaxe des poursuites. Pourvoi en annulation formé par le commissaire de police. Cour d'appel, laquelle « considérant que l'art. 40 n'établit et n'au- « torise aucune des distinctions indiquées dans le jugement « attaqué entre les servantes employées d'une manière « définitive et celles qui sont employées d'une manière pro- « visoire, entre celles qui reçoivent des gages en argent et « celles qui ne reçoivent qu'un salaire en nature ; annule le « jugement, renvoie la cause et les parties devant un autre « tribunal et condamne Marie **J.** et Eugénie **B.** aux frais de « l'instance en annulation, lesquels sont liquidés à 28 fr. 82. » (Voir l'arrêt au *Moniteur de la Martinique* du 28 mai 1872.)

Deux jugements de simple police, un arrêt de Cour d'appel, 28 fr. 80 de frais sans compter ceux des tribunaux de police dont nons ignorons le montant; tout cela parce qu'une pauvre femme a employé accidentellement une fille de moins de 16 ans qu'elle nourrissait pour tout salaire ! Et peut-être ne sont-elles pas au bout de leurs peines. Si ces malheureuses créatures ne peuvent payer les frais et les amendes, elles auront à s'engager sur quelque habitation (art. 71) ou sur leur refus, à subir l'atelier de discipline où elles devront travailler à « 1 fr. par jour » (art. 73) jusqu'à parfait payement. C'est ainsi qu'on sauve les sociétés. Gloire à M. Gueydon.

Son arrêté, dont le point de départ est de restreindre autant que faire se peut la liberté des prolétaires, ne leur accorde aucune compensation. Rien n'y est à leur avantage; tout y est à leur désavantage; il stipule constamment en faveur de l'employeur. Quiconque emprunte à son engagiste devient par le fait même, sans jugement d'aucune sorte, son homme lige, son serf; il perd la libre disposition de soi-même jusqu'à remboursement : « *En cas d'avances faites par* « *l'employeur à l'employé et à défaut de conventions contrai-* « *res, l'engagement durera jusqu'au remboursement en travail* « *de la totalité de ces avances.* » (ar. t34.)

La journée de travail est fixée selon l'usage établi, mais « *n'est pas considérée comme travail l'obligation de pourvoir* « *les dimanches et jours fériés aux soins que nécessitent les* « *animaux et aux besoins de la vie habituelle pour tout indi-* « *vidu travaillant au mois ou à l'année* » (art. 39).

Pourquoi donc l'ouvrage du dimanche ne serait-il pas payé comme celui de la semaine? Est-ce que l'employeur ne profite pas aussi bien de l'un que de l'autre? L'abominable arrêté, que nous voudrions mettre en pièces, oblige l'engagé à donner le dimanche une certaine quotité de travail gratuitement; en revanche, il ne veut pas que les pauvres soient reçus gratuitement dans les hôpitaux! Un pauvre qui a été à l'hôpital est exposé à la contrainte par corps pour solder les frais de son traitement ! C'est bien ce qui résulte de l'art. 35, ne nous trompons pas : « *Sont assimilés aux* AVANCES CONS- « TITUTIVES D'UN ENGAGEMENT DE TRAVAIL *au profit de ceux qui* « *auront pris l'engagement de les payer, les frais de traitement* « *dans les hospices de tout individu qui, ayant été soigné dans* « *ces établissements au compte des communes et même des par-* « *ticuliers, y aura recouvré la santé et sera sorti en état de se*

« *livrer au travail.* » (art. 35.) Cela ne signifie-t-il pas que le malade guéri devient forcément l'engagé de celui qui, fut-ce même à son insu, se chargera de payer les frais de son traitement ! Il serait difficile d'inventer un code d'une rapacité aussi dure aussi contraire aux idées de la civilisation.

. Tout le mécanisme du livret est conçu dans le même esprit; un orateur du conseil général de la Martinique a pu en dire avec trop de raison : « C'est un véritable contrat léonin » que le livret protége. En effet, l'employeur détient cette » pièce (art 34), y constate les avances (art. 33. § 2), déduit » les journées de travail (art. 35), fait les règlements sans » aucun contrôle de l'employé (art. 43), auquel des retenues » de journées pour absence sont infligées sans qu'il puisse se » défendre (art. 36). D'un autre côté, le maître étant cru sur » affirmation, le malheureux cultivateur est livré pieds et » poings liés aux tribunaux qui n'admettent aucune preuve » contre l'assertion de l'employeur et les constatations du » livret. » (*Compte rendu des séances du Conseil général de la Martinique*, vol. in-8° 1872, page 422).

Dans la séance où furent prononcées ces paroles (23 décembre 1871), le Conseil général, après une discussion très-sérieuse, a émis le vœu que « l'arrêté du 10 septembre 1855, » en ce qui concerne le livret, fut abrogé et que toute poursuite à cet égard fut suspendue jusqu'à décision de la métropole. »

M. Trillard n'a pas laissé perdre cette occasion de montrer son hostilité native à toute réforme libérale; loin de déférer à ce vœu de la représentation locale du pays, usant de son autorité de directeur de l'intérieur, il a rendu le livret plus obligatoire que jamais, malgré ses inévitables abus et bien qu'il sache, comme tout le monde, que les noirs y voient une injure permanente à leur adresse.

Il est déplorable qu'un colon aussi plein des vieux préjugés soit encore chargé de dispenser la loi à la Martinique; ceux qui en souffrent ne doivent pas moins y obéir. Nous leur conseillons de toutes nos forces de continuer, en véritables amis de l'ordre, à s'y résigner jusqu'à ce qu'on obtienne son abolition; mais nous leur conseillons en même temps de ne pas se lasser de protester, de pétitionner contre elle par tous les moyens légaux. Au devoir impérieux d'obéir à la loi, est joint, quand on déteste, le droit de le dire très-haut.

§ 4

CONVERSION DES AMENDES EN JOURNÉES DE TRAVAIL A L'ATELIER DE DISCIPLINE.

Il était réservé à l'édit colonial du 10 septembre 1855 de faire une chose que nous croyons n'avoir été faite nulle part, de convertir les amendes prononcées par les tribunaux de simple police en journées de travail, autrement dit d'appliquer la peine des travaux forcés au payement d'une amende.

« *Les amendes ainsi que les condamnations aux frais et dé-*
« *pens, prononcées par les tribunaux de police, seront conver-*
« *ties de droit en travail à la journée ou à la tâche à défaut de*
« *payement dans la quinzaine des premières poursuites.* (Art.
« 70.) *Les prestations de travail auront lieu soit dans les*
« *ateliers des habitations rurales des particuliers, du domaine*
« *ou des communes, soit dans les ateliers des entrepreneurs de*
« *routes ou autres.* (Art. 71). *Tout dettier qui refusera de s'ac-*
« *quitter envers l'enregistrement au moyen d'un travail fourni*
« *dans les conditions ci-dessus indiquées, sera mis dans un*
« *atelier de discipline.* (Art. 72). *Chaque journée de travail*
« *à l'atelier de discipline libérera le condamné de la somme de*
« *1 fr.* (Art. 73). *Les disciplinaires seront employés aux tra-*
« *vaux de curage du port, des canaux, des rivières et à tous*
« *autres dont les dépenses incombent à la colonie* (Art. 80). »

Ainsi, pendant que les bons esprits réussissaient, dans la métropole, à faire abolir la contrainte par corps, restant de la barbarie antique, M. Gueydon l'appliquait dans notre élégante colonie de la Martinique, au payement d'amendes et de frais de police; il donnait aux plus petits débiteurs de l'enregistrement le choix entre un engagement de travail forcé ou les travaux forcés de l'atelier de discipline. Les femmes n'échappaient pas plus que les hommes à l'atelier de discipline. Point de doute sur cette prescription sauvage : « EN DEHORS DES HEURES DE TRAVAIL, *les femmes seront séparées des hommes.* » (Art. 79.) Une fille âgée de seize ans révolus est condamnée à l'amende parce que son livret manque d'un visa réglementaire, ou pour un délit encore plus insignifiant, celui, par exemple, de n'avoir pas balayé le devant de sa porte ; elle est pauvre, elle ne peut payer cette amende, « *le commandement* « *prévu par l'art.* 33 *de la loi de* 1832 SUR LA CONTRAINTE « PAR CORPS, *lui fait sommation de justifier dans la quinzaine* « *d'un engagement conforme aux dispositions de l'art.* 71 (cité « plus haut). *Faute de cette justification, elle est arrêtée et* « *conduite à l'atelier de discipline* pour y rester jusqu'à l'ac-« quittement de sa dette » (art. 75). Elle ira curer le port et les canaux au milieu des hommes condamnés comme elle, jusqu'à ce qu'elle ait acquitté l'amende grossie de tous les frais, en journées de travail fixées à 1 fr.

A ce régime, elle peut tomber malade, prendre les fièvres ; l'arrêté a prévu le cas : il y pourvoit avec une charité admi-rable. Il s'empresse de renvoyer tout disciplinaire malade dans ses foyers, à la simple condition de... venir reprendre ce qu'il est permis d'appeler sa chaîne dès qu'il sera rétabli : « *En cas d'inaptitude momentanée, les dettiers pourront être* « *mis provisoirement en liberté et renvoyés dans leurs foyers,* « *à la charge par eux de se constituer volontairement après le* « *rétablissement de leur santé, et faute de se constituer dans le* « *délai qui leur aura été accordé, ils seront arrêtés de nou-* « *veau, les frais de cette seconde capture demeurant à leur* « *charge.* » (Art. 82.)

Tels sont les exemples de civilisation, de morale, de res-pect humain, de décence que reçoivent aux colonies les hommes de la race noire. N'est-ce pas organiser légalement la démoralisation de simples débiteurs d'une amende que de les accoler à de mauvais sujets condamnés pour le grave délit de vagabondage et de les soumettre ensemble à la même peine ?

Quant au régime de l'atelier de discipline, on en aura une idée en lisant les punitions à infliger aux disciplinaires : « 1° *la corvée hors tour ;* 2° *la réclusion dans les cellules or-* « *dinaires pendant les heures de repas ;* 3° *la cellule de correc-* « *tion ;* 4° *la cellule ténébreuse. On ne peut infliger la corvée* « *pour plus de vingt-quatre heures, la réclusion pendant les* « *heures de repas pour plus de* HUIT JOURS, *la cellule de cor-* « *rection pour plus de* QUINZE JOURS, *la cellule ténébreuse pour* « *plus de* HUIT JOURS, *avec réduction au pain et à l'eau de* « DEUX JOURS *sur trois.* » (Art 85.) Voilà les peines infligées aux fautes que peuvent commettre des *disciplinaires*, n'ayant d'ailleurs commis d'autre crime que de n'avoir pu payer une amende! Et les récompenses pour la bonne conduite, demandez-vous? Il n'y en a pas la moindre mention. M. Gueydon ne récompense jamais.

Nous qui avons l'égalité dans notre sublime devise et le droit commun dans nos principes, nous devons faire observer que la classe blanche échappe à l'atelier de discipline, tout comme au passe-port à l'intérieur. L'administration est encore, à cette heure, tellement saturée des préjugés du temps de l'esclavage, qu'elle s'attache à ne pas compromettre l'arisocratie de la peau. Il y a, parmi les blancs, des paresseux et tdes pauvres, aussi bien que parmi les nègres; certes, personne ne voudra croire qu'il ne se soit jamais trouvé de blancs hors d'état de payer leur impôt ou une amende à laquelle ils auraient, par hasard, été condamnés, et pourtant à l'exception d'un seul, on n'en a jamais vu au milieu des bandes de l'atelier de discipline. Lorsqu'un dettier de l'enregistrement a la peau blanche, on trouve toujours d'excellentes raisons pour le dégrever ou pour le garder sous les verroux. L'exception dont nous parlons a fait époque; il vaut la peine de la rappeler.

Il y a de cela quelques années, un de ces nobles dettiers qu'on n'avait pas dégrevé, personnage un peu excentrique, somma le geôlier, au nom du droit commun, de le traiter comme un nègre; il insista tant qu'on le fit sortir avec un détachement de disciplinaires, chargé de casser des roches dans les rues de Saint-Pierre. Le jour même, quelques blancs payèrent son amende avec les frais et « le scandale » cessa. Le scandale, c'est le mot. On choquerait ce qu'on appelle les mœurs coloniales à mettre, conformément à la loi, un blanc ou une blanche au nombre des travailleurs-Gueydon. « Les « mœurs coloniales! » Puissance presque souveraine! M. Larougery, rapporteur de la commission de l'impôt personnel, a confessé que « la plupart des propriétaires étaient les pre-« miers à violer la loi en admettant dans leurs ateliers des « individus porteurs de passe-ports irréguliers. » M. Larougery, procureur général, pourrait-il citer beaucoup de ces propriétaires contrevenants qu'il aurait fait poursuivre comme c'était son devoir? En est-il jusqu'à trois qu'il pourrait compter ? Non. Il est trop bien né pour ne pas respecter « les mœurs coloniales. » C'est encore par « les mœurs coloniales » qu'il faut expliquer combien peu de plaintes pour sévices portées par des travailleurs devant les juges de paix aboutissent à des condamnations; on ne veut pas compromettre le prestige de l'autorité des propriétaires. A ce propos, il est bon de relater que M. de Gueydon n'a pas pu faire tout le mal qu'il aurait voulu légaliser. M. Poyen, procureur impérial, a dit à notre honorable collègue et ami, M. Pory-Papy, que M. Gueydon l'avait consulté sur la question d'insérer dans son édit le droit de correction par voies de fait de l'employeur. Le respect humain empêcha de consacrer ce moyen coërcitif, mais son usage est vu d'un œil si indulgent qu'un autre procureur impérial, M. Level, proclama un jour, en pleine audience, à l'occasion d'un ouvrier rural, frappé par un géreur d'habitation, *le droit à la calotte.* Les battants en présence du battu sourirent à cette délicate proposition et le géreur fut acquitté. « Mœurs coloniales. » Commissaires de police, juges de paix, tous colons, ainsi que le procureur général; parquets, tribunaux, composés à peu près exclusivement de colons, sont accoutumés à appliquer la loi dans le sens des « mœurs coloniales. » Qu'il y ait là de mauvaises, de très-mauvaises habitudes invétérées, qu'il n'y ait pas toujours chez ces fauteurs d'illégalités de parti bien pris d'iniquité, nous le croyons assez volontiers, mais quand les mauvaises habitudes mènent au mépris officiel de la loi, c'est une raison de plus pour l'autorité supérieure de leur rompre énergiquement en visière, et il devrait être au moins permis à ceux qui ne trouvent pas ces façons de gouverner fort honnêtes, de le dire sans passer pour des démagogues, des communalistes, des pétroleurs, qui veulent mettre les colonies à feu et à sang.

Quoi qu'il en soit, l'administration imprime à l'arrêté du 10 décembre 1855 une grande flétrissure; elle le juge d'une tyrannie si extravagante, qu'elle renonce à l'employer dans toute sa teneur ; elle en a laissé tomber une partie en désuétude. Un fonctionnaire de la Martinique nous disait : « Je confesse « qu'il y a dans cet arrêté des clauses vexatoires à écarter; je « trouve comme vous, monstrueux, l'application des travaux « forcés en matière correctionnelle, mais vous ne me persua- « derez pas facilement que vous nous croyez capables d'appli-

« quer cela à cette époque. » Soit, avons-nous répondu, mais si un Gueydon ou un Bontemps étaient replacés à la tête de la Martinique, ils en seraient très-capables. D'ailleurs; M. Trillard admire beaucoup M. Gueydon; il est de la même école gouvernementale. Ce qu'il y a de mieux à faire, c'est donc d'abroger un édit conçu dans l'esprit d'un autre âge. On s'excuse de le garder, on se croit à l'abri du reproche en ne le faisant pas observer dans ce qu'il a de «monstrueux.» Dangereuse excuse. D'abord, il est littéralement impossible d'en écarter ce qu'il a de « vexatoire; ». ensuite, rien n'est plus contraire au bon ordre que l'existence d'une loi dont la pudeur publique oblige l'autorité elle-même à violer quelques articles.

Au résumé, les nègres sont des citoyens au même titre que nous, ayant un droit imprescriptible à toutes les franchises dont nous jouissons, placés, en un mot, de même que nous, sous la protection du droit commun. L'institution du livret, bien décidément reconnue dans l'Europe entière mauvaise pour nous, ne saurait être bonne pour eux. Il faut l'abolir. Nous voulons espérer que le pouvoir central donnera cette satisfaction au peuple de la Martinique qui la mérite bien. Ce faisant, ce sera faire acte de justice, et par conséquent, de sagesse. La justice est la suprême sagesse. Le contentement dans les cœurs fait plus au profit de l'ordre dans la cité que toutes les polices et toutes les gendarmeries du monde.

Une personne, qui a voulu être très-méchante à notre endroit, s'est avisée de dire, pour justifier l'arrêté Gueydon, qu'on en trouvait le principe dans les décrets du 27 avril 1848, qui ont réglementé l'abolition de l'esclavage. Ces actes, fait-on remarquer, ont créé des ateliers de discipline, c'est-à-dire le travail forcé. Voyons. Le gouvernement provisoire avait à organiser l'émancipation immédiate, il dut prévoir qu'un certain nombre des esclaves qu'on ne pouvait bien affranchir qu'en les affranchissant du jour au lendemain, seraient tentés d'abuser de leur soudaine liberté, et se livreraient au vagabondage. Il a résolument fait face au mal. Mais fallait-il s'en tenir à l'article 270 du code pénal, qui punit de la prison le vagabondage? Il ne le pensa pas; il jugea préférable, dans une vue de moralisation, de remplacer l'oisiveté de la prison par le travail. De là, les ateliers de discipline créés par les décrets du 27 avril 1848. C'est ce dont chacun peut s'assurer en lisant les *Procès-verbaux de la commission instituée pour préparer l'acte d'abolition immédiate de l'esclavage.* (Paris, 1848, page 118 à 127.)

Cela expliqué, montrons que ces ateliers établis *exclusivement* pour les vagabonds et les mendiants, régulièrement condamnés en vertu de l'art. 270, et où l'on n'envoyait d'ailleurs, il importe de ne pas l'oublier, que « les individus du sexe masculin » (art. 1er), étaient conçues de façon à en faire plus encore une école qu'un châtiment. « *Les détenus recevront, à* « *titre de gratification, les sommes suivantes : Le maître tra-* « *vailleur, 35 cent. ; le travailleur de 1re classe, 30 cent.; de* « *2e classe, 25 cent.; de 3e classe, 20 cent.* » (Art. 12.) « *Au* « *siége principal de l'atelier de discipline et* DANS LES DIF- « FÉRENTS DÉTACHEMENTS, *des frères de Ploërmel seront* « *chargés de donner l'instruction aux détenus,* DEUX FOIS PAR « JOUR, *matin et soir. Ils prendront les ordres du régisseur* « *de l'atelier ou du commissaire de police, pour fixer le lieu* « *et les heures convenables à l'accomplissement de ce devoir.* » (Art. 15.) « *Les punitions sont : la réprimande publique,* « *faite par le régisseur ; la consigne, la retenue de tout ou* « *partie de la gratification, la cellule disciplinaire, la prison,* « *le cachot.* » (Art. 16.) « *Les récompenses sont ; la gratifi-* « *cation en argent, la permission de s'absenter pendant un ou* « *plusieurs jours, la promotion à une classe supérieure ou au* « *grade de maître travailleur, la mention honorable à l'ordre* « *du jour, la réduction ou la remise entière des peines.* » (Art. 17.) « *Les ateliers de discipline sont placés sous le* « *patronage d'un comité composé du directeur de l'intérieur,* « *du procureur général et de l'un des conseillers privés. Le* « *comité propose, au commissaire général de la République, les* « *améliorations morales et matérielles dont les ateliers de dis-* « *cipline lui paraissent avoir besoin.* » (Art. 18.) *Les femmes* « *condamnées pour vagabondage ou mendicité, seront détenues* « *dans un atelier de discipline, où elles seront employées, sous* « *la direction de religieuses, aux travaux de leur sexe.* » (Art. 20.)

Ici, on trouve un atelier de discipline, paternellement réglementé, pour ramener au travail et instruire des vagabonds et des mendiants, gens, après tout, gravement coupables,

punis par tous les codes; à côté de celui-là existe un autre
établissement, où les femmes, entièrement séparées des hommes, sont employées à des occupations de leur sexe et reçoivent également l'instruction. Peut-on, de bonne foi, comparer,
un régime semblable à celui de l'arrêté Gueydon, qui applique la contrainte par corps au recouvrement d'une amende
de police, confond les débiteurs de la plus petite amende
avec les recrues du vagabondage, qui enfin mêle brutalement,
cyniquement ensemble, les femmes et les hommes dans les
bandes condamnées au curage du port et des canaux ?

§ 5.

VAGABONDAGE.

L'article 270 du code pénal définit le vagabond : celui qui
n'a ni domicile certain, ni moyen d'existence, et qui n'exerce
habituellement ni métier ni profession. La réunion de ces
trois conditions bien distinctes peut seule constituer le délit
de vagabondage : qui n'a pas de domicile certain et n'exerce
ni métier ni profession, mais possède des moyens de subsistance, si modiques qu'ils puissent être, n'est point un vagabond. En un mot, il suffit de n'être pas dans une des trois
conditions constitutives du vagabondage pour échapper à
toute application de l'art. 270 du code pénal. Faire résulter
l'état de vagabondage d'une seule ou de deux des trois conditions, c'est créer un délit nouveau, c'est sortir de la légalité.
La commission coloniale de 1849, qui n'avait aucune ten-
dresse pour les affranchis, mais qui renfermait dans son sein
bon nombre de légistes, n'a pas consenti à s'écarter de la
loi, quoi qu'aient pu dire quelques-uns de ses membres, lorsqu'elle faisait son projet de loi pour la répression du vagabondage aux colonies. « Il ne faut pas s'y tromper, » disait son
président, M. Passy, « le véritable vagabond aux colonies,
« sera le petit propriétaire, celui qui, en travaillant deux
« ou trois jours, pourra suffire à sa subsistance et se livrer
« ensuite à l'oisiveté. C'est là ce qu'on voit en Italie, en Es-
« pagne, et c'est là ce qu'on ne peut pas empêcher, *parce*

« *qu'on n'a pas plus le droit de réprimer cette sorte d'oisiveté*
« qu'on ne pourrait réprimer celle du gros propriétaire ou du
« gros rentier. » (*Procès-verbaux de la commission coloniale
de* 1849, page 191). « Si un homme » ajoutait M. Isambert
« a des moyens de subsistance, il n'est pas un vagabond. »
(Page 192). La commission d'émancipation de 1848 ne pouvait
manquer d'entendre un abolitioniste comme M. Isambert,
le Président lui demande : « Qu'adviendra-t-il, si un nègre,
« après avoir gagné 2 francs en un jour, refuse de travailler
« jusqu'à l'épuisement de cette petite somme ? RÉPONSE : Le
« citoyen Isambert revendique encore le droit commun.
« Pourvu que le nègre, dans le cas supposé par le Prési-
« dent, ne se livre à aucun acte nuisible à la société, *il est seul*
« *l'arbitre des conditions de son existence.* » (*Procès-verbaux
de la commission pour l'abolition immédiate de l'esclavage,*
page 69).

L'art. 16 de la loi coloniale de 1845 porte : « Tout individu
« âgé de moins de soixante ans qui ne justifiera pas de
« moyens suffisants d'existence ou bien d'un engagement de
« travail, sera tenu de travailler dans un atelier qui lui sera
« désigné. » Lors de la discussion de cette loi, où M. Ledru-
Rollin prononça un discours resté célèbre dans les annales
de l'éloquence parlementaire, le digne frère de l'honorable
M. Agénor Gasparin, M. Paul Gasparin, qui prit une grande
et belle part aux débats, dit sur l'art. 16 : « Je demande
« ce qu'on entend par ces mots : *moyens suffisants d'exis-
« tence* ? L'homme qui ne mendie pas prouve par cela même,
« à mon sens, qu'il a des moyens suffisants d'existence. (Ap-
« probation.) S'il ne travaille qu'un jour par semaine, s'il
« gagne 1 franc par semaine, et que ce travail si faible, ce
« gain si modique, suffisent pour le faire vivre dans les colo-
« nies, il ne saurait être considéré comme vagabond.

« M. MACKAU, MINISTRE DE LA MARINE. Quels sont les
« moyens suffisants d'existence ? Assurément, s'il est un pays
« au monde où il est facile de pourvoir à tous les moyens de
« l'existence, c'est dans les colonies. L'existence y est la chose
« du monde la plus facile ; le moindre travail peut y suffire.
« Ainsi, sur ce point, nulle inquiétude à concevoir.

« M. GASPARIN. Je me félicite d'avoir posé la question qui
« vient de donner lieu à la réponse de M. le Ministre. Je

« constate qu'il a déclaré qu'il suffirait d'avoir des moyens
« d'exister, de ne pas mendier pour éviter de tomber sous
« l'application de l'article relatif au vagabondage. » (*Séance
de la Chambre des députés du jeudi 5 juin 1845).

On ne fera passer ni les Passy, ni les Isambert, ni les Paul
Gasparin, ni les amiral Mackau pour des hommes de désordre,
des défenseurs de la licence, de l'oisiveté et des vagabonds.
Ils ont maintenu là des principes essentiels, ces principes ont
le radicalisme de la vérité, et l'on ne pourra jamais y opposer
que des sophismes. L'arrêté Gueydon qui se distingue par
un mépris constant des principes, fait des vagabonds de fantaisie. « *Tous individus n'ayant ni employeur* HABITUEL *ni do-
« micile propre, sont astreints à l'inscription au bureau de la
« police, leur livret fera mention de cette inscription, et sera
« soumis au visa mensuel du commissaire de police.* » (Art. 44).
C'est du despotisme pur de condamner un citoyen à se faire
inscrire à la police comme les prostituées, parce qu'il n'a pas
d'*employeur habituel.* C'est une violation flagrante de l'article 270 du code pénal. Bien dangereux est le pouvoir réglementaire d'un gouverneur des colonies, s'il lui est permis,
sous le prétexte de régulariser l'application d'une loi, de la
dénaturer d'une manière aussi complète. « *S'ils ne peuvent
« (les individus de l'art. 44) justifier de l'emploi de leur temps,
« ils seront poursuivis pour vagabondage.* » (Art. 46). Cet article pousse la tyrannie jusqu'à l'absurde, il ne va à rien de
moins qu'à déclarer vagabond le rentier qui « n'a pas d'em-
« ployeur habituel » et qui, passant sa vie à boire, manger,
dormir et se promener, « ne peut justifier de l'emploi de son
temps. » Traiter comme vagabond l'homme visé par l'art. 46
est un attentat flagrant à la liberté individuelle; la société
n'a rien à voir à l'emploi du temps d'une personne qui n'of-
fense aucune loi, qui ne mendie pas, et qu'elle ne trouve pas
couchée dans la rue. Nous insistons sur ce point : la première
garantie du bon ordre est le respect de la légalité. La légalité
ne permet pas de considérer comme soupçonné de vagabondage un homme que l'on ne prend pas en flagrant délit
d'une infraction aux lois; la légalité ne permet pas de soup-
çonner de manquer de domicile un homme qui ne dort pas
la nuit à la belle étoile.

Toutes mesures prises pour forcer à travailler une personne

qui n'est pas dans les trois conditions légales et caractéris-
tiques du vagabondage, ont pour résultat immédiat et inévi-
table d'assimiler les gens honnêtes aux malfaiteurs.

Je suis sobre : je bois de l'eau, et 10 ou 15 centimes de
riz suffisent à ma nourriture ; j'ai le bonheur de vivre dans un
pays ou une chemise et un pantalon de toile peuvent me servir de vêtement pour toute l'année ; je loue ou j'achète dix
pieds carrés de terrain sur lequel je construis en quelques
heures un ajoupa (cabane de feuillage) ; vous me demandez
chaque année un impôt personnel de 5 francs, je le paie. A
toutes ces nécessités de la vie, je pourvois avec le salaire de
deux jours de travail par semaine ; le reste du temps, il
me plaît de ne rien faire, cela ne vous regarde pas. C'est un
malheur pour moi et aussi pour la société, mais vous ne pouvez, sans faire acte de violence, m'empêcher de vivre comme
il me convient. Vous n'avez aucun droit de m'en demander
compte. Du moment que je n'attente pas au bien d'autrui,
vous n'avez aucun droit d'attenter à ma liberté. C'est une
chose inouïe de vous autoriser des bienfaits de la nature pour
m'asservir à vos convenances. Vous me dites que je suis libre,
et en même temps vous m'ordonnez le travail comme vous
l'entendez, pas autrement, sous peine de l'atelier de discipline. Liberté mensongère. Ah! faites-y attention, vous vous
rendez ainsi coupable d'une immoralité bien funeste, vous
introduisez le mensonge dans la loi! Quel exemple d'ailleurs
me donnez-vous? L'article 36 de votre arrêté qui parle «-*d'engagement par jouissance d'une case,* » ne dit pas un mot de
ce que doit être cette case ; comme le reste, elle est laissée
à la discrétion de l'employeur. Or, elle n'est encore sur
presque toutes les habitations que l'ancienne case à nègre
du temps de l'esclavage : une hutte, ayant pour tout ameu-
blement une planche placée sur deux tréteaux et décorée du
nom de lit. Cette planche est même du luxe, elle n'est point
obligatoire ; l'engagé doit se procurer tous ses meubles y compris le coucher. Trois grosses pierres, posées triangulaire-
ment dans un coin, forment généralement le foyer où il fait
cuire ses aliments. Vous qui logez ainsi vos agriculteurs,
êtes-vous bien venu à me traiter de vagabond parce que j'ai
élu domicile dans un ajoupa?

Lorsqu'un homme vit de la sorte, la faute en est bien moins

à lui qu'à la société, c'est qu'elle l'a négligé, abandonné à l'état de nature; c'est que, mauvaise mère, elle n'a pas rempli ses devoirs envers lui. Si elle lui avait donné l'instruction primaire qui lui aurait ouvert la porte des jouissances intellectuelles, qui ne lui aurait pas permis de vivre sans autre satisfaction que celle des besoins matériels les plus restreints; si, enfin, elle en avait fait un homme civilisé, il ne pourrait pas se contenter de cette existence végétative. L'être humain est avide de bien-être, mais il ne conçoit de bien-être que selon son état de civilisation; plus on donne à son intelligence et à ses instincts moraux la culture qui crée les besoins supérieurs, plus il travaille pour se les procurer.

Nous avons traité la question de principe, mais nous ne croyons pas qu'il y ait plus de nègres que de blancs dans le cas de l'homme dont nous parlons par hypothèse. « L'indolence, l'apathie, la paresse des noirs, » autant de phrases banales aussi fausses aujourd'hui qu'elles l'ont toujours été. Les noirs sont tout aussi laborieux que les blancs, et ils ne demandent qu'à travailler en paix. Le relevé officiel, irréfutable de ce que les petits propriétaires de cette classe apportent chaque année aux usines centrales le prouve surabondamment. L'amiral Bruat, gouverneur de la Martinique, écrivait au ministre à la date du 28 décembre 1849 : « Je le déclare, tous les propriétaires sont d'accord sur ce point, que les noirs reconnaissent généralement les avantages du travail. » (*Procès-verbaux de la commission coloniale de 1849*, p. 217). Nous savons que le gouverneur actuel, M. l'amiral Cloué, leur rend la même justice. A lire l'arrêté Gueydon, à voir le soin malfaisant qu'il met à les placer à toute heure sous l'œil et dans les mains de la police depuis l'âge de 10 ans, il semblerait en vérité qu'il a affaire à un ramassis de fainéants toujours prêts au mal et contre lesquels on ne saurait exercer une vigilance trop active, trop minutieuse. Jamais population ne mérita moins pareille insulte ; elle est bonne, docile, et il serait à désirer que ses ennemis fussent d'un tempérament aussi doux. *Le Bien public*, journal de la colonie, disait il y a un mois : « Notre session de la cour d'assises de Fort-« de-France n'a duré que deux heures, et ce sont deux im-« migrants qu'elle a eu à juger. »

Depuis 1848, on a dépensé beaucoup de millions pour

amener aux colonies de ces immigrants indiens et chinois, qui ont fait concurrence aux travailleurs créoles et fourni ample matière à la répression du vagabondage. Si on avait employé la moitié de ces millions à fonder des écoles gratuites et obligatoires, comme l'avait décrété le gouvernement provisoire, à récompenser le travail agricole, à lui accorder des honneurs, à lui faire perdre ainsi le mauvais renom que lui avait donné l'esclavage, à le rendre plus rémunérateur, nul doute que la population créole ne s'y livrât plus volontiers encore. En 1848, l'amiral Bruat offrait des primes à la petite culture de la canne; si l'on n'avait pas trouvé ce procédé trop favorable pour les affranchis, si on l'avait continué, si pour le reprendre on convertissait de nouveau en primes de cette nature un peu de l'argent prodigué à l'introduction d'ouvriers ruraux étrangers, ceux-ci ne seraient guère nécessaires, et ils le seraient encore moins si l'on avait encouragé chez les propriétaires le système d'association avec leurs hommes, qui fut inauguré en 1848 et que la réaction fit abandonner.

Au résumé, avec l'art. 270 du code pénal, et une armée d'agents de police et de gendarmes, comme celle dont on dispose aux colonies, rien n'est plus facile que d'y réprimer le vagabondage. Mettre toute une population honnête en état de suspicion, pour arrêter quelques coquins qui voudraient vivre aux dépends d'autrui, c'est montrer autant d'incapacité gouvernementale que de sentiment peu généreux. Notre législation contre le vagabondage remplit bien son objet en France, on ne fera croire à personne qu'elle ne puisse le remplir tout aussi bien dans de petits pays comme nos Antilles. Il n'y a que les chefs malhabiles à qui le droit commun ne suffise pas pour maintenir l'ordre matériel. Nul homme politique sensé qui ne le sache : toute loi d'exception est mauvaise en soi, ceux qu'elle atteint y trouvent une double cause d'irritation; et parce qu'elle les frappe et parce qu'elle les place en dehors du droit commun. On ne fonde pas plus l'ordre sur des règlements d'exception que le bien sur le mal. Un arrêté Gueydon peut paraître, aux esprits superficiels, utile à maintenir l'ordre; en réalité, il engendre le désordre en excitant chez les opprimés de justes ressentiments qu'exploitent les mauvais conseillers. Mais son vice fondamental, irrémédiable, c'est moins son exorbitante, dureté, que la distinction de classes qu'il établit devant la loi et qui alimente leur antagonisme; il soumet l'une d'elles à des prescriptions humiliantes et les rend plus poignantes encore en n'y soumettant pas l'autre. De tous ces fabricants et apologistes d'édits, qui obligent exceptionnellement les ouvriers et agriculteurs à justifier de l'emploi de leur temps, combien n'en est-il pas qui seraient forts embarrassés, si on les condamnait à faire la même justification? Ils trouvent mauvais qu'on veuille laisser les nègres travailler à leur temps et à leur heure, comme ils le font eux-mêmes; est-ce juste? Ils trouvent bon d'imposer à la classe laborieuse des garanties qui les soulèveraient d'indignation, si on les leur demandait à eux-mêmes; est-ce juste? Non, rien de tout cela n'est juste, il faut donc y renoncer.

Au surplus, la situation s'est compliquée de façon à demander prompt remède. Il est avéré que les prolétaires de la Martinique ne supportent l'arrêté Gueydon, et particulièrement ses clauses du passeport et du livret, qu'avec une extrême répugnance. Aussi longtemps qu'il sera la loi, ils s'y soumettront, parce qu'ils savent que c'est leur devoir. Soit, voilà qui est entendu. Mais il y a maintenant autre chose. Le Conseil général de la Martinique a formellement émis le vœu que le passeport et le livret fussent abolis. L'institution des Conseils généraux suppose qu'élus par leur département, ils connaîtront mieux ses besoins intérieurs que le pouvoir exécutif; les vœux que la loi les autorise à émettre l'impliquent également. Ces vœux, néanmoins, ne sont pas des ordres. L'administration martiniquaise ne fait aucun état de celui du Conseil général de l'île; c'est son droit et elle en use; soit encore. Mais après? Le Conseil général n'a aucune raison de donner sa démission, il est sûr d'avoir exprimé la volonté de 99 sur 100 des habitants de l'île; il persistera, c'est aussi son droit et il en usera. Il renouvellera le même vœu, dans les mêmes termes, à chaque session, tant qu'il ne sera pas exaucé. Jusque-là, désaccord, refroidissement, entre le Conseil général et l'autorité; situation tendue, agitation des esprits. En définitive, ou l'autorité devra céder, en s'avouant vaincue, chose toujours fâcheuse; ou bien, chose non moins fâcheuse, elle devra donner le mauvais exemple de perpétuer le malaise, en déclarant qu'elle méprise un vœu parfaitement légal de « la représentation du pays. » Point d'autre issue. Le ministre de la marine et des colonies, M. l'amiral Pothuau, est un homme sage, attaché aux saines doctrines gouvernementales, ennemi de l'arbitraire; nous osons prédire qu'il ne laissera pas grossir la difficulté et la résoudra par la seule voie constitutionnelle qu'elle puisse avoir.

Au moment où nous terminons cette partie de notre brochure, nous avons reçu le *discours prononcé par M. le contre-amiral Cloué, gouverneur de la Martinique, à l'ouverture de la session ordinaire du Conseil général, le* 15 *octobre* 1872. Nous « y lisons : « Le calme politique le plus parfait règne dans la « colonie. Ma confiance dans le maintien de la tranquillité « publique est entièrement justifiée. Je ne pense pas, en effet, « que l'on puisse dire que l'ordre est troublé dans un pays, « si quelques mauvais sujets y commettent des méfaits de la « compétence des tribunaux ordinaires (1). Je rends toute « justice au bon esprit qui anime la grande majorité de la « population. Le travail a été tellement en honneur que la « dernière récolte est la plus belle que l'on ait vue jusqu'ici. »

Assurément, dans une colonie où « règne le calme politique le plus parfait, » où « la grande majorité de la population est animée d'un bon esprit, » où « le travail est en honneur, » où le chef qui ne passe point pour nourrir des sentiments particuliers de sympathie à l'égard des vagabonds, est fondé à déclarer que « l'ordre et le travail seront maintenus, » assurément, disons-nous, il n'est besoin d'aucune loi d'exception pour réprimer « les déprédations de quelques mauvais sujets. » Qu'il y ait des vagabonds à la Martinique, nous ne faisons pas difficulté de le croire, il y en a comme partout; mais il n'y en a pas plus qu'ailleurs, et il n'est nullement nécessaire, pour les réprimer, de sortir du droit commun,

------

(1) Ceci s'adresse évidemment aux alarmistes qui représentent systématiquement la Martinique comme menacée d'une guerre civile.

de mettre injurieusement toute une classe de la société en état de suspicion. Leurs méfaits, comme le dit fort bien. M. l'amiral Cloué, « sont de la compétence des tribunaux ordinaires. »

S'il était des pays où il fallut veiller avec un soin plus scrupuleux que dans d'autres, sur les droits de la liberté individuelle, ce serait dans les colonies où a régné l'esclavage.

Répétons-le une dernière fois, il n'y a de vagabonds que les vagabonds, c'est-à-dire que ceux qui sont pris dans les trois conditions de l'art. 270 du Code pénal. Tous les incorrigibles coloniaux ne changeront rien à cette vérité de droit universel, invoquassent-ils la bienfaisante chaleur du soleil pour en faire un complice de leur tyrannie.

Ce que nous avions prévu presqu'à coup sûr s'est réalisé. Le Conseil général, dans sa séance du 29 octobre 1872 vient de « renouveler le vœu émis depuis deux ans pour l'abrogation « de l'arrêté du 10 septembre 1855. » Espérons que l'administration locale ne refusera pas plus longtemps d'écouter la voix d'une population qu'elle reconnaît « animée d'un bon esprit. »

ARRÊTÉ HUSSON

SUR LE

Régime du Travail à la Guadeloupe

§ Ier

ENTRAVES A LA LIBERTÉ DANS LES ACTIONS LES PLUS ORDINAIRES DE LA VIE.

L'arrêté Gueydon fut pour la Martinique la formule d'un système de compression destiné à enlever aux affranchis de 1848 tout ce qu'il était possible de leur enlever de liberté. Le milieu étant le même à la Guadeloupe, la réaction, si bien servie par l'Empire, devait y avoir les mêmes effets. Le 2 décembre, la date était bien choisie, le 2 décembre 1857, M. Touchard, gouverneur, et M. Husson, directeur de l'intérieur, publièrent à leur tour un *Arrêté sur le régime du travail.* « Régime du travail! » Les engins liberticides sont toujours décorés d'un nom honnête; c'est le premier hommage rendu à l'éternelle sainteté de la justice, que ceux-là mêmes qui la violent le plus cherchent à faire croire qu'ils poursuivent un bien. On va voir ce qu'entendaient les auteurs de l'arrêté du 2 décembre par « régime du travail. » Ils semblent avoir pris toutes leurs inspirations dans cette date néfaste. Comparée à leur législation, celle de la Martinique est un modèle de mansuétude et de respect de la liberté. Ils se sont ingéniés à ne pas laisser un seul acte de la vie sans y porter la main de la police.

« Nul ne peut changer de résidence, même « dans la commune, sans en avoir fait la déclaration préalable au maire. »

3

(Art. 19). Vous demeuriez au n° 1, vous n'êtes pas libre d'aller demeurer n° 10, à moins d'en informer le maire, sous peine « *d'une amende de 5 à 20 francs* » (art. 22), et dans le cas où vous auriez changé non pas de maison, mais de commune, sans faire cette soumission, vous êtes passible « *d'une amende de 31 à 60 fr., et même d'un emprisonnement de 1 à 5 jours, suivant les circonstances.* » (Même art. 22). Un locataire n'est pas libre de déménager avant d'avoir « *présenté au proprié-* « *taire les quittances de sa contribution personnelle.*» (Art. 28).

A propos d'amendes, il est presque superflu de dire, qu'à l'instar du législateur de la Martinique, celui de la Guadeloupe applique « *la peine de l'atelier de discipline,* » autrement dit des travaux forcés, aux débiteurs insolvables d'amendes prononcées par les tribunaux de police. (Art. 133 à 136). La clause relative au disciplinaire malade, dont on se débarrasse quand on n'en peut rien tirer, est rédigée dans une forme qui ferait envie au plus doucereux des Jésuites : « *Il* PEUT *être* ADMIS *à sortir de l'atelier* POUR CAUSE D'INVA- « LIDITÉ. *Dans ce cas, il est tenu de se constituer volontairement* « *à l'expiration du* SURSIS, *faute de quoi il sera réintégré à* « *l'atelier sans nouveau commandement.* » (Art. 142).

Les articles 39 et suivants établissent le passe-port à l'intérieur tel que nous l'avons exposé en analysant l'arrêté Gueydon : point de passe-port délivré à qui ne justifie pas du payement de ses contributions (art. 40) ; exhibition obligée à première réquisition de la police (art. 44), etc. Des articles 15, 40 et 47, habilement combinés, il résultait que toute personne qui ne justifiait pas du payement de ses contributions, était forcée de « *contracter un engagement de travail d'une année au moins.* » M. Lormel, gouverneur de la Guadeloupe en 1864, a l'honneur d'avoir mis un terme à cette violence. Par son arrêté du 18 juin 1864, les formes pour le recouvrement de l'impôt sont ramenées à la législation française : la sommation, le commandement, la saisie et la vente du mobilier.

L'exhibition du passe-port, jusque dans la commune qu'ils habitaient, a été sept années durant un tourment et parfois un moyen de vexation pour les hommes, pour les femmes des deux classes de couleur et pour leurs enfants âgés de 16 ans. Elles doivent aussi à M. Lormel d'être libérées d'une aussi irritante tracasserie dans leurs communes. Depuis son arrêté de 1864, l'inutile et offensif passe-port n'est obligatoire que pour les personnes circulant hors de leur commune, et c'est encore beaucoup trop. Il va sans dire, du reste, qu'il ne continue à gêner que les nègres et les mulâtres. Les agents de la force publique connaissent toujours, c'est une grâce d'état, « *l'identité, le domicile, la profession et les ressources* » (art. 44) de tout homme ou toute femme à peau blanche.

§ 2

DE L'OBLIGATION DU TRAVAIL HABITUEL.

« *Tout individu valide de l'un ou l'autre sexe,* AGÉ DE PLUS « DE 10 ANS, *est tenu de* TRAVAILLER HABITUELLEMENT, *sous* « *peine d'être réputé* VAGABOND, *à moins que par ses ressources* « *mobilières ou immobilières il n'ait des moyens de subsistance* « *assurés. Celui qui n'exerce pas* HABITUELLEMENT *une profes-* « *sion ou un métier indépendants, doit justifier* PAR UN ENGA- « GEMENT D'UNE ANNÉE AU MOINS *ou par un livret, de son* « *travail* HABITUEL *pour autrui comme ouvrier, travailleur ou* « *domestique.* » (Art. 47). Cette justification à faire d'un travail habituel, ne fut-on encore qu'un petit garçon ou une petite fille de 10 ans, est de l'arbitraire le plus dévergondé. Combien de gens trouvent des moyens de subsistance en ne travaillant qu'à leur fantaisie, c'est-à-dire sans travailler *habituellement* ! Pourquoi seraient-ils réputés « vagabonds » plutôt que le rentier qui ne travaille pas du tout? Après cela, il saute aux yeux que ce genre de contrainte met le salaire du prolétaire à la merci de l'employeur. Le prolétaire forcé de s'engager demande 3 fr. de sa journée à M. A ., qui refuse; il s'adresse à M. B..., à M. C..., à M. D..., qui refusent également. Pendant qu'il cherche de la sorte, ce qu'il estime une juste rémunération de son labeur, un gendarme, un agent de police le somme d'exhiber son carnet d'engagement. — Je n'ai pu encore m'arranger avec un propriétaire. — Cela ne me regarde pas, répond le gendarme, vous ne justifiez pas de ressources mobilières, vous n'avez ni livret ni carnet d'engagement, vous êtes un vagabond; en prison !

« *Le maire peut exiger de toute personne qui n'exerce* HA-« BITUELLEMENT *ni métier, ni profession, la justification des* « *revenus qui assurent sa subsistance et celle de sa famille. Les* « *revenus doivent être effectifs. Le seul fait de la possession ou* « *location d'un immeuble non exploité ou d'un revenu insuf-* « *fisant, ne peut pas dispenser d'exercer* HABITUELLEMENT *un* « *métier ou une profession à son propre compte, ou de tra-* « *vailler* HABITUELLEMENT *pour autrui.* » (Art. 49). Comment! je suis chez moi, je ne fais de mal à personne, je ne mendie pas, je paie mon loyer, je nourris mes enfants, et parce que je n'ai pas de *revenus effectifs*, parce que je n'exerce pas *habi-tuellement* un métier ou une profession, c'est-à-dire parce que je ne travaille que quand je le juge nécessaire, « le maire » peut exiger la justification des moyens que j'ai de vivre et de faire vivre ma famille !

« *N'est réputé exercice* HABITUEL *d'une profession ou d'un* « *métier indépendants que celui qui comprend* ASSEZ DE JOUR-« NÉES *de travail effectif pour que leur produit suffise à l'en-* « *tretien de l'intéressé et de sa famille.* » (Art. 50.) C'est bien, comme on le voit, ce que nous disions; j'exerce un métier, le maire ne trouve pas que j'y emploie assez de journées, il décide, lui, que mon gain ne suffit pas à mon entretien et à celui de ma famille, il « me répute vagabond » et je suis condamné à « travailler habituellement chez autrui ! » Notez que le maire, plutôt simple agent de l'autorité qui le nom-mait à l'époque de l'édit qu'officier municipal, est investi du pouvoir de violer mon domicile, d'enfoncer ma porte si je la ferme, d'exiger la révélation de toutes mes affaires, d'entrer dans les détails de ma manière de vivre, car il lui est im-possible de remplir autrement la charge qu'on lui donne! Quand l'indignation est calmée, on reste profondément triste, que des hommes parvenus aux premières fonctions de leur pays se puissent pervertir jusqu'à méconnaître à ce point les notions les plus élémentaires du droit.

Un propriétaire même n'est pas à l'abri de cette exagération d'inquisition sociale. Un grand nombre de ces nègres « pa-resseux par nature » ont, à force de travail et d'économie, acheté de petits lots de terrains. Ils s'y sont bâti une demeure, ils y cultivent soit des vivres que leurs femmes vont vendre au marché, soit des cannes qu'ils portent aux usines centrales. Ils paient leurs impôts, ils paient la patente de leurs femmes, ils élèvent leur famille, ils ne demandent, ils ne doivent rien à personne. Ceux-là ont assurément toutes les raisons imaginables de se croire parfaitement libres, point du tout, l'arrêté du 2 décembre ne veut pas qu'ils le soient.

« *Tout propriétaire cultivateur non dispensé du travail* « *habituel à raison de ses moyens de subsistance, qui n'emploie* « *à la gestion ou à l'exploitation de sa propriété qu'*UNE IN- « SUFFISANTE PARTIE DE SES JOURNÉES, *est tenu de justifier,* « POUR LE SURPLUS DESDITES JOURNÉES, *de l'exercice* HABITUEL « *d'un métier ou d'une profession indépendants ; sinon, de* « *son travail* HABITUEL *pour autrui par livret. Le maire dé-* « *terminera le nombre de journées nécessaires, chaque mois,* « *à l'exploitation de la propriété, et de celles réservées soit à* « *l'exercice du métier ou de la profession dispensés du livret,* « *soit au travail pour autrui par livret. — Il pourra être* « *recouru au directeur de l'Intérieur contre la décision du* « *maire dans le délai d'un mois. Le recours sera suspensif.* » (Art. 50.)

Oh ! ce n'est pas tout encore. Lisez l'article 51 : « *Les pro-* « *priétaires cultivateurs auxquels des journées auront été réser-* « *vées seront tenus de justifier à toute réquisition de leur travail* « *habituel dans lesdites journées par la présentation de leurs* « *cultures. Tout propriétaire cultivateur qui, sans motif légi-* « *time, n'aura pas mis ses terres en culture ou négligera de les* « *entretenir dans les journées réservées à cet effet par le maire,* « *sera passible d'une amende de 61 à 100 francs* ET *d'un* « *emprisonnement d'un à quinze jours ou de l'une de ces deux* « *peines, selon les circonstances. L'emprisonnement sera tou-* « *jours prononcé en cas de récidive.* »

Il n'est donc pas même loisible à un propriétaire nègre d'user à son gré de la parcelle de liberté qu'on laisse attachée à son titre ; le temps qu'on veut bien lui accorder pour sa propre exploitation, il ne peut en jouir en paix ; le maire, qu'on pourrait appeler le maître, est autorisé à le persécuter ; il pénètre dans son domicile à toute heure, quand il lui plaît ; il inspecte ses cultures, il détermine le nombre de jours né- cessaires, selon lui maire, à l'exploitation de SON bien et l'envoie tous les jours de surplus travailler pour autrui avec aggravation de la servitude du livret! Enfin si le maire juge que ce propriétaire, que l'homme déclaré par toutes les lois du monde « maître chez soi, » n'a pas bien employé les journées qu'il lui a permis de consacrer à son champ, puis encore si ce même propriétaire ne justifie pas par livret dûment visé, de son travail chez autrui pendant les journées où on lui a interdit de s'occuper de ses affaires personnelles; il est passible d'une amende de 61 à 100 fr. ET d'un emprisonnement de 1 à 15 jours ! L'amende et ses frais, il faudra au soi-disant homme libre plus de six mois de privations pour les payer; la quinzaine d'incarcération sera enlevée à ses moyens de nourrir sa famille, qu'y faire ? Nos défenseurs émérites de la famille et de la propriété n'ont pas découvert de meilleur moyen d'enseigner aux nègres le respect de la propriété. Nous ne croyons pas qu'un pacha turc des anciens temps ait jamais poussé aussi loin la dépravation de l'arbitraire. Quant à la faculté de recours au directeur de l'intérieur, ce n'est qu'une moquerie ajoutée à l'abus de pouvoir. Il est clair qu'entre le maire qu'il a nommé et le pauvre petit cultivateur noir, le directeur de l'intérieur, qui est à 30, 40, 50 kilomètres de distance et ne peut rien voir, donnera raison à son agent.

L'administration des Antilles, tout entière aux mains des anciens privilégiés et obéissant à de mauvaises passions locales, s'est toujours montrée malveillante à l'égard des affranchis. Nous venons d'expliquer qu'ils cultivaient généralement leurs terres en vivres. Ne s'ingéra-t-on pas à la Guadeloupe, au mois de novembre 1849, de frapper un impôt de 20 francs par hectare sur toutes les habitations vivrières. Un impôt aussi exceptionnel et aussi exorbitant avait évidemment pour but de nuire à la petite propriété, de faire obstacle à la disposition très-marquée que l'on observait chez les noirs, à devenir propriétaires autant qu'ils le pouvaient. Cette taxe inique fut signalée par nous à la tribune de l'Assemblée nationale (séance du 18 mai 1850), et il fut déclaré qu'elle serait supprimée. A la même époque, l'amiral Bruat, gouverneur de la Martinique, y offrait au contraire, nous nous plaisons à le répéter, une prime de 10 francs pour chaque hectare que les vivriers mettraient en cannes. Cette prime qui encourageait à la fois la petite propriété et la grande culture était trop favorable aux nouveaux libres pour n'avoir pas été supprimée dès que l'impartial amiral Bruat disparut. A quelques mesures semblables, pour le dire en passant, il gagna d'être dénoncé par la faction des rétrogrades comme un des complices du fameux *complot du feu* qu'ils avaient inventé !

§ 3.

LIVRETS ET ENGAGEMENTS.

« *Doit être muni d'un livret de travail habituel tout individu* « *attaché à la domesticité ou travaillant pour autrui en vertu* « *d'un engagement de* MOINS D'UNE ANNÉE, *ou travaillant pour* « *autrui, soit à la* TACHE, *soit à la* JOURNÉE, *mais sans enga-* « *gement avec un employeur déterminé* » (art. 69). « *Le livret* « *ne fait preuve du travail* HABITUEL *que selon les énonciations* « *successives qui y sont inscrites par l'employeur, ou à défaut* « *par le maire* » (art. 60). « *Tout individu astreint au livret,* « *qui n'en aura pas pris, sera par ce fait puni d'une amende* « *de 5 à 100 fr. et, suivant les circonstances, d'un emprisonne-* « *ment d'un à quinze jours, sans préjudice, s'il y a lieu, des* « *peines applicables au vagabondage* (art. 61). »

Que de complications, que de démarches pour l'homme et aussi pour la femme attachés à la chaîne du livret sans être coupables d'autre faute que d'avoir seulement leurs deux bras pour vivre ! Et puis, quelle pénalité frappée sur celui dont le livret ne sera pas en règle ou qui n'aura pas voulu en prendre ! 100 fr. d'amende et, suivant les circonstances, 15 jours de prison, sans préjudice, s'il y a lieu, des peines applicables au vagabondage ! 100 fr. d'amende pour des hommes dont le salaire dépasse rarement 2 fr. par jour ! Ce qui augmente le dégoût qu'inspirent les édits coloniaux de 1855 et 57, c'est l'esprit de rapacité qui y domine.

Les rigueurs du *régime du travail* ne se sont point arrêtées là ; elles sont portées à un excès presqu'incroyable :

. « *Le livret ou le carnet d'engagement valent passe-port tant*

« *que le porteur a un employeur. Toutefois, les porteurs de*
« *livret ou de carnet d'engagement ne peuvent circuler hors de*
« *leur Commune et des Communes limitrophes, en vertu du carnet*
« *d'engagement ou du livret, les jours ouvrables dont l'emploi*
« *ne leur appartient pas, que sous la condition d'un visa au*
« *départ*, INDIQUANT UNE DESTINATION FIXE ET NE VALANT
« QUE POUR CETTE DESTINATION. *Ce visa sera délivré par*
« *l'employeur ou, à l'égard des journaliers, par le maire ou*
« *par le commissaire de police.* » (Art. 42.)

Un esclave ne pouvait sortir de l'habitation où il était rivé sans un billet de son maître, indiquant où il allait et ne valant que pour cette destination. L'art. 42 de l'édit du 2 décembre est donc très-clairement un retour éhonté, scandaleux à une pratique de l'esclavage. Hâtons-nous de le dire : il a été rapporté par l'arrêté de M. Lormel de 1864 que nous voudrions avoir eu à citer plus de trois fois, mais pendant 7 années il a outragé la pudeur publique et ravivé les souvenirs d'une époque exécrable.

Arrivons aux engagements : « *L'engagement n'est réputé*
« *accompli et le travailleur ne peut obtenir un congé d'acquit,*
« *même au cas où la durée de l'engagement a été déterminée au*
« *mois ou à l'année, qu'autant que toutes les journées promises*
« *ont été réellement fournies; l'engagé, lorsqu'il a conservé sa*
« *case sur l'habitation, est tenu de remplacer à la fin de l'en-*
« *gagement le temps qu'il n'a pu employer par suite de ma-*
« *ladie ou d'absence constatée ayant duré plus de 15 jours*
« (art. 63). » Cela signifie que si l'engagé a été malade, il doit, au bout de son année accomplie fournir en plus autant de jours de travail que la maladie bien constatée l'aura retenu dans sa case ou à l'hôpital. A la vérité, par compensation il a à payer les soins qu'il reçoit à l'hôpital : « *Tout employeur*
« *est tenu de payer, jusqu'à concurrence de moitié du salaire,*
« *et en tous cas d'un minimum de* 8 *fr. par mois, les sommes*
« *dues par le travailleur pour frais d'hospice, de médication et*
« *dont la demande lui sera faite en cas d'engagement ou dont*
« *le livret ou le carnet se trouvera débité* (art. 86). »

Il est d'usage sur les habitations de donner une case et un morceau de terre appelé jardin à l'engagé dont le salaire en argent est diminué d'autant. La concession d'un jardin entraîne la réserve d'un jour par semaine pour le cultiver.

Cette case, dont il paie parfaitement le loyer, est tout ce qu'il y a de plus misérable; nous en avons dit la nature. Peut-il au moins y recevoir à son gré ses parents, ses amis? Non. « *Quiconque se sera introduit dans une habitation ou dans un* « *atelier contrairement à la volonté du propriétaire, sera puni* « *d'une amende de 5 à 100 fr.* » (Art. 71). La case étant toujours sur le terrain de l'habitation, il résulte de cet article que l'engagé doit renoncer à voir chez lui son père, son frère, pour peu que cela déplaise au propriétaire. Ceux-ci passent-ils outre, quand on veut les empêcher d'entrer chez leur parent, il leur en coûte 5 à 100 fr. d'amende, et s'ils adressent dans le débat une injure, provoquée ou non, la peine est augmentée de 5 à 15 jours de prison ! (Même art. 71). Défenseurs de la famille et de la propriété, voilà de vos coups !

L'engagé n'a pas non plus l'entière possession de la journée qu'il rachète chaque semaine pour cultiver son jardin. Veut-il quelquefois, quitte à s'occuper de son jardin le dimanche, la louer sur une habitation voisine afin de gagner davantage, il n'en est pas le maître. On lui en offre 3 fr., son engagiste lui en offre 1, c'est à l'engagiste qu'il est tenu de la céder. Le législateur colonial s'attache avec un soin, avec une minutie extrêmes à ne le laisser sortir en aucune occasion de la dépendance de l'employeur : « *La journée non employée à* « *l'exploitation du jardin fait retour à l'employeur moyennant* « *le salaire ordinaire et ne peut être louée à un tiers sans le* « *consentement dudit employeur. En temps de récolte ou de* « *fabrication ou dans les cas urgents, l'employeur peut exiger* « *du travailleur, moyennant le salaire convenu, la journée* « *réservée à celui-ci pour la culture de son jardin.* » (Art. 64.)

Ce jardin, qui est incontestablement à lui, puisqu'il en paye le loyer, l'engagé n'a pas davantage la faculté d'en disposer comme il lui plaît, là encore son droit est à la discrétion de la police : « *Lorsqu'ils en seront requis par l'autorité adminis-* « *trative ou judiciaire, ou sur les plaintes qui leur seront* « *portées, les commissaires de police et les brigadiers de gen-* « *darmerie devront visiter les jardins des travailleurs et cons-* « *tater s'ils sont en bon état de culture et d'entretien.* » (Art. 75.) L'entretien n'est-il pas au goût du commissaire ou du brigadier, amende ! « *Tout travailleur à qui une journée par*

« *semaine aura été réservée pour la culture de son jardin,*
« *devra entretenir ce jardin en bon état, sous peine de 5 à*
« *20 fr. d'amende.* » (Art. 80.)

En réalité, une fois engagé, l'ouvrier rural doit abdiquer toute initiative, toute volonté personnelle; il ne s'appartient plus. Employeur, commissaire de police, gendarme, font de lui et de sa chose ce qu'ils veulent. Tout dans le contrat est à son désavantage. Lui convient-il de prendre un jour de congé, il ne perd pas seulement, ce qui est naturel, le salaire du jour, « *Il subit la retenue d'une seconde journée de salaire,* « A TITRE DE DOMMAGES-INTÉRÊTS ! » (Art. 74.) Dommages-intérêts ! L'expression est vraiment heureuse. A-t-il subi cette retenue plus de trois fois dans le cours de trois mois, c'est-à-dire s'est-il permis de s'absenter quatre jours en trois mois ? « *Amende,* » outre la retenue des salaires, et, s'il y a récidive dans l'espace d'une année, « *emprisonnement de 1 à 7 jours.* (Art. 74.) » Arrive-t-il trop tard au champ, le quitte-t-il trop tôt, il a de même à payer des *dommages-intérêts* proportionnels : « *Pour tout manquement au travail, fût-ce d'une durée* « *inférieure à une journée, tel que retard à l'arrivée sur le* « *champ de travail, ou départ anticipé, sans motif légitime, le* « *travailleur subira une retenue égale au salaire, dont il aura* « *encouru la privation, par le fait même de son absence.* » (Art. 96, § 1er.) Est-il malade? voici comment le Dracon du Deux-Décembre traite le fait : « *Le manquement au tra-* « *vail, pour cause de maladie, n'est réputé légitime qu'autant* « *que le travailleur justifie qu'il a reçu des soins à domicile,* « *à l'infirmerie de l'établissement où il est engagé ou à l'hô-* « *pital. Le travailleur qui s'absente, en cas de maladie légère,* « *de sa case ou de l'établissement où il s'est transporté pour y* « *recevoir des soins,* EST RÉPUTÉ AVOIR MANQUÉ AU TRAVAIL « SANS MOTIF LÉGITIME. (Art. 96, § 1er.) » L'engagé a un certificat du médecin, constatant qu'il est malade, mais il ne l'est pas assez pour ne pouvoir marcher, il quitte sa case pour faire une promenade, il est « réputé avoir manqué au travail sans motif légitime, » et, en conséquence, vu l'art. 74, on lui retient — il faudrait plutôt dire : on lui vole — le salaire de deux journées ! On ne peut guère être plus impitoyable.

En regard de tous ces dommages-intérêts qu'il a à payer

pour manquement au travail même d'une heure ; quand l'engagé a travaillé neuf heures et demie par jour, les soins à donner aux animaux, les herbes à aller couper plus ou moins loin pour leur nourriture, aussi bien le dimanche que dans la semaine, l'ouvrage extra que nécessite, pendant près d'un mois, l'époque de la récolte et de la fabrication du sucre, puis encore l'ouvrage requis pour « *les cas urgents,* » tout cela est considéré comme *obligatoire* et ne lui vaut pas une obole de « dommages-intérêts ! » C'est textuel : « *Confor-* « *mément à l'usage établi, la journée de travail commence au* « *lever et se termine au coucher du soleil.* HORS LES CAS URGENTS « OÙ LE TEMPS DE LA RÉCOLTE ET DE LA FABRICATION, *elle* « *est coupée par deux heures et demie de repos.* » (Art. 67.) « *Sauf le gardiennage, les soins et prestations que nécessitent* « *les animaux,* NE SONT PAS CONSIDÉRÉS COMME TRAVAIL SUP- « PLÉMENTAIRE ET SONT OBLIGATOIRES, MÊME LES DIMANCHES « ET JOURS FÉRIÉS. *En cas de refus du travail prévu au* « *présent article, la peine sera d'une amende de 5 à 20 francs.*» (Art. 68.) Dans tous les pays du monde le travail extra est payé double, à la Guadeloupe, de même qu'à la Martinique, il n'est pas payé du tout. C'est ainsi qu'on réglemente *le régime du travail,* quand on n'est pas « du parti de la licence, de la paresse et du vagabondage. » Toutefois, une question s'élève ici : en France, les « défenseurs de la religion » ne veulent pas qu'on travaille le dimanche ; aux Antilles, ils veulent qu'on travaille pour rien ce jour-là. Ce n'est pas aux derniers que nous donnerons raison.

Nous ne nous sentons pas mieux disposé à les louer des deux articles qu'on va lire : *L'engagement,* D'UN AN AU MOINS, *à qui dispense du livret, ne s'entend que de la convention,* « *par laquelle l'ouvrier ou le travailleur engage* TOUTES SES « JOURNÉES *au propriétaire ou au chef d'industrie, sauf ce qui* « *sera spécifié en l'art.* 64 (1), *ou s'engage à consacrer* TOUTES « SES JOURNÉES *à la culture des terres qu'il prend à ferme ou à* « *colonnage.* » (Art. 57.) « *Lorsque l'engagement ne sera pas* « *contracté dans les termes ci-dessus, ou que l'engagiste sera* « *hors d'état d'employer* TOUTES LES JOURNÉES *de l'engagé,*

___

(1) L'article 64 est celui qui réserve le semedi pour la culture du jardin.

« *ou que la culture des terres louées ou affermées ne pourra*
« *nécessiter l'emploi de toutes les journées, le certificat d'*EN-
« GAGEMENT A L'ANNÉE *devra être refusé par une décision*
« *motivée du maire, sauf recours au directeur de l'inté-*
« *rieur. Il sera remis à l'ouvrier ou au travailleur un* LIVRET,
« *après toutefois qu'il aura justifié d'un employeur habituel,*
« POUR LE NOMBRE DES JOURNÉES DEMEURÉES LIBRES CHAQUE
« MOIS, *selon la détermination faite conformément au deuxième*
« *alinéa de l'art.* 54. » (Art. 58.) Il suit de cet arrangement
sans fard que l'engagé est bien tenu de donner *toutes ses*
journées à l'engagiste, mais que celui-ci n'est nullement
tenu de les employer toutes, et que l'engagé mis en disponi-
bilité devra trouver, au prix qu'il pourra « un employeur
habituel pour le nombre des journées » dont son engagiste
n'aura pas besoin !

A ce malheureux nègre, devenu un véritable serf de glèbe,
on laissait quelque chose de l'homme libre ; le devoir de
contribuer aux charges de la communauté, de payer un impôt
personnel ou une patente, si sa femme allait vendre au
marché des produits de son jardin, mais on ne lui laissait pas
la petite satisfaction de s'acquitter personnellement, il était
comme un interdit : « *Tout employeur est tenu, sur la mention*
« *qui sera inscrite par le percepteur sur le carnet d'engagement*
« *ou le livret de ses ouvriers, de payer, à la décharge desdits*
« *employés et sur le montant de leurs salaires acquis, les con-*
« *tributions personnelle et de patente dues par ces derniers*
« *pour l'année échue et l'année courante. A défaut de payement,*
« *l'employeur peut être immédiatement contraint par toutes*
« *les voies d'exécution, conformément à la loi du 12 novembre*
« *1808.* » (Art. 85.) Les colons n'eurent pas de goût pour
cette disposition qui les transformait en huissiers du fisc.
On n'y avait pas songé. Mais eux, on écoute leurs griefs.
Pour leur épargner les ennuis que leur suscitait l'art. 85,
on supprima tout simplement la taxe personnelle.

§ 4.

FERMAGE ET COLONAGE

Nous n'en avons pas fini avec les énormités du 2 décembre de la Guadeloupe. Des cultivateurs ont pris de la terre à ferme ou à colonage. Là encore, le barbare législateur colonial intervient, il les poursuit avec acharnement ; de quelque manière qu'ils s'occupent, quoi qu'ils fassent, il ne veut pas les laisser libres : « *Dans les conventions de travail* « *à ferme et à colonage, l'engagiste et l'engagé devront spécifier* « *l'étendue des terres à cultiver, le délai de la mise en culture et* « *le* NOMBRE DE JOURNÉES DE TRAVAIL PRÉSUMÉES NÉCESSAIRES *à* « *l'exécution de l'engagement. A défaut de spécification au con-* « *trat, le maire y suppléera d'office.* » (Art. 54). Les maires du 2 décembre 1857 sont de véritables agents de la police.

« *Les journées qui ont été surabondamment réservées aux* « *colons ou fermiers, et qui, par le fait, ne peuvent être em-* « *ployées à l'exploitation du tenement, doivent être reportées* « *au propriétaire, moyennant le salaire ordinaire. A défaut du* « *propriétaire, elles doivent être engagées à tout autre employeur* « *ou être louées à des employeurs successifs.* » (Art. 65). « *Les* « *fermiers et colons partiaires qui, à raison de la nature de* « *leurs contrats, ne peuvent être soumis aux dispositions des ar-* « *ticles 6 et 7, § 2, du décret du 13 février 1852, seront tenus* « *de justifier, à toute réquisition, par la présentation de leurs* « *cultures, de leur travail* HABITUEL *dans les journées réservées* « *par leur contrat ou par le maire. Tout fermier ou colon qui,* « *sans motifs légitimes, n'aura pas mis ses terres en culture,* « *ou négligera de les entretenir dans les jours réservés et* « *dans les délais déterminés par le contrat ou par le maire,* « *sera passible d'une amende de 61 à 100 francs,* ET *d'un em-* • *prisonnement d'un à quinze jours ou de l'une de ces deux* « *peines, selon les circonstances. L'emprisonnement sera tou-* « *jours prononcé en cas de récidive.* » (Art. 81). Quel est le juge ? L'agent de police apparemment !

Un nègre fermier n'est par conséquent pas maître dans sa

ferme. La police est maîtresse de venir à tout moment examiner ses plantations, il est tenu à toute réquisition de les lui montrer, et si elle estime qu'il n'a pas bien employé son temps, il y va pour lui de l'amende et de la prison ! Tout le monde en conviendra : donner aux fermiers, aux colons partiaires de la Guadeloupe le titre d'hommes libres, est une scandaleuse dérision.

Figurez-vous ce « régime du travail » fondé en France : Un paysan prend un champ à ferme ; M. le maire évalue le nombre de jours *présumés* nécessaires pour la culture du champ. Supposons deux semaines, les deux autres semaines, il doit louer ses bras *à son propriétaire*, qu'il l'aime ou qu'il ne l'aime pas ! La liberté du propriétaire est, au contraire, toujours garantie avec soin ; dans cet honnête genre de contrat, il n'est jamais lié ; s'il ne lui plaît pas d'utiliser son fermier ou s'il n'a pas d'ouvrage à lui donner, celui-ci doit s'engager à un employeur quelconque, la chose bien et dûment constatée sur son livret par l'employeur, faute de quoi il est « réputé vagabond. » Ceci réglé, pendant qu'il bêche son propre champ survient un gendarme, le paysan est obligé de lui montrer, de lui expliquer ce qu'il a fait, le gendarme qui, toujours, par grâce d'état, se connaît nécessairement en agriculture, apprécie dans sa sagesse, et n'est-il pas content, le paysan-fermier est condamné à une amende de 61 à 100 francs ET à un emprisonnement de 1 à 15 jours, selon les circonstances dont nous ne voyons guère d'autre juge que le gendarme ! Tout cela serait monstrueusement absurde pour un fermier à peau blanche ; mais pour un fermier à peau noire, c'est bien différent ; songez donc, il a la peau noire !

L'amende, la prison menacent partout, et constamment le pauvre prolétaire de la Guadeloupe ; partout, constamment l'autorité en use avec lui de la façon la plus arbitraire : « *Le droit de tenir des boutiques, échoppes ou cantines,* « *pourra être refusé par le gouverneur, en conseil privé, aux* « *individus* SIGNALÉS PAR LEUR MAUVAISE CONDUITE. *La sup-* « *pression des cantines et échoppes établies ailleurs que dans* « *l'intérieur des villes et des bourgs pourra pareillement être* « *ordonnée.* » (Art. 52). « Le droit » pourra être refusé, non pas, remarquez-le bien, aux personnes qui ont mal usé « du droit » ou subi une condamnation si légère qu'elle soit, mais

à celles « signalées par leur mauvaise conduite. » Vous êtes
la femme ou l'homme le plus paisible du globe, mais la nature ne vous a pas doué d'un caractére très-soumis ; vous
dites tout haut que l'édit du 2 décembre est infâme, ou bien
que le maire de votre commune aurai t pu être mieux choisi ;
il vous « signale » et vous êtes dépouillé de « votre droit »
d'ouvrir boutique, on ferme votre échoppe d'un trait de
plume. Cette échoppe était votre gagne-pain, vous n'avez
plus qu'à aller vous engager pendant un an au moins !

Quoique les pouvoirs des gouverneurs de nos colonies soient
beaucoup trop étendus, nous doutons qu'ils aillent jusqu'à
leur permettre de légaliser ainsi les plus flagrantes illégalités ;
en tous cas, il serait grand temps d'y mettre quelques limites.
Celui du 2 décembre guadeloupéen s'est passé la fantaisie
de rétablir les corporations avec tous les vices qui les firent
supprimer dans la métropole. « *L'ouvrier ou le travailleur*
« *qui, par la nature de son industrie ou par toute autre cir-*
« *constance exceptionelle, n'est pas employé habituellement par*
« *un ou plusieurs chefs d'industrie ou engagistes déterminés à*
« *l'avance, reçoit un livret de* JOURNALIER, *à la charge de*
« *travailler habituellement pour des employeurs successifs et*
« d'en justifier. » (Art. 103). « Les journaliers seront cons-
« titués en corporations. Le maire *pourra désigner dans*
« *chaque corporation trois syndics, qui auront pour mission*
« *de l'assister dans la vérification du travail des journaliers*
« *de la corporation, de donner leur avis sur la délimitation*
« *du nombre des journaliers nécessaires à l'exercice des diverses*
« *industries, de constater l'aptitude de ceux qui demanderont*
« *leur admission dans les corporations.* » (Art. 106).

Enfin, pour que rien ne manquât à cette œuvre ultra-réac-
tionnaire, l'article 117 nous ramène au-delà de 1789, à
quelque chose de fort approchant des corvées : « *Tout jour-*
« *nalier inoccupé pourra être requis par les agents de police,*
« *soit pour l'intérêt des services publics, soit pour* CELUI DES
« PARTICULIERS *dans tous les genres de travaux auxquels il sera*
« *reconnu apte. Il sera rémunéré selon un tarif* arrêté par le
« maire *et approuvé par le gouverneur.* » L'homme est forcé
de travailler où veut la police, pour qui elle veut, au prix
qu'elle veut ! En langage honnête et modéré cela s'appelle
toujours « réglementer le travail. »

Au moment où fut publié cette espèce de nouveau *code noir*, ce défi jeté à la justice, à l'égalité, à la liberté et à la raison, il exaspéra la population des campagnes ; elle fut très-agitée. On obtint la soumission en arrêtant « pour propos séditieux » ceux qui exprimèrent leur ressentiment, mais une pareille législation n'en fit pas moins beaucoup de mal. Les colons intelligents furent les premiers à le dire.

Un d'eux, M. Serpette, dans un article sur le *paupérisme et le vol à la Guadeloupe*, fléaux qu'il attribue particulièrement à l'arrêté du 2 décembre et à l'immigration, écrit ceci :

« ... Il importerait donc que l'on cessât de tracasser les bons
« travailleurs, en les condamnant pour des niaiseries.
« Nous avons vu condamner des femmes mariées, par consé-
« quent exemptes de l'impôt, et qui ne sortaient jamais de
« leurs cases, pour avoir négligé le visa de leurs passe-ports.
« La manie de la verbalisation est telle, que l'on a en-
« tendu appeler à l'audience du juge de paix, et condamner
« par défaut des personnes décédées depuis un an; et ce-
« pendant les procès-verbaux et les citations portaient bien
« cette formule sacramentelle : *en son domicile, étant et par-
« lant à sa personne.* — Des significations de jugements et
« de commandements se sont faites avec la même légèreté;
« l'huissier les a quelquefois déposées à la mairie pour
« s'éviter la peine de se transporter à domicile dans
« les endroits les plus reculés de la commune, de sorte que
« l'on a vu de bons travailleurs arrêtés par la gendarmerie
« pour amende, frais de condamnation et de poursuites con-
« vertis en journées de prison, qui n'avaient eu aucune
« connaissance du commandement, de la signification du
« jugement, de la citation, ni même du procès-verbal !
« Ils se laissaient conduire en prison comme des mal-
« faiteurs, en répétant leur proverbe si énergique et si juste
« en pareille circonstance: *Ravette pas tini raison douvant
« poule !* (le ravet ou cancrelat n'a jamais raison devant la
« poule), la raison du plus fort est toujours la meilleure.
« Nous le savons, le surcroît de besogne peut jusqu'à un
« certain point excuser ces irrégularités. (!) Raison de
« plus d'abandonner les futilités pour s'attacher aux choses
« sérieuses. » (Voir l'*Économiste français* du 12 mai 1864).

Les auteurs de l'édit dont un homme assurément désintéressé montre là quelques-uns des tristes effets, n'ont pas eu plus de bon sens que de cœur. Leurs efforts tournent en définitive aussi bien au détriment des engagistes que des engagés. Ceux-ci répugnent naturellement à la violence qui leur est faite, ceux-là n'ont plus à leurs ordres que des bras de mauvaise volonté. L'aversion qu'inspire l'engagement retombe sur l'engagiste.

Cherchez d'ailleurs dans l'édit une pensée de protection, de patronage pour les travailleurs, vous ne la trouverez pas, on ne découvre pas dans ses 157 articles le moindre symptôme de bienveillance pour eux, ils sont livrés pieds et poings liés. Sur les habitations ils sont, en général, traités convenablement, nous ne voyons pas de raisons d'en douter, mais enfin, un noir tombe-t-il sous un employeur dur, peu scrupuleux, il n'a aucun moyen de se soustraire à des abus de pouvoir, à des sévices. Ira-t-il se plaindre au maire, il va de soi que le maire, lui-même un engagiste, se bornera à lui conseiller de prendre patience. Les maires ne sont pas des saints, et puis ils briseraient tout le système s'ils soutenaient les employés contre les employeurs. Par contre, l'engagé se conduit-il mal, les nègres non plus ne sont pas des saints, est-il paresseux, réfractaire, l'engagiste est privé de moyens efficaces de répression s'il ne consent pas à se dégrader par l'usage des châtiments corporels que la loi et son honneur ensemble lui interdisent. Il ne peut le chasser, car il n'importe guère au récalcitrant de l'être, et les retenues sur son misérable salaire ne sauraient le toucher beaucoup s'il est réellement un mauvais sujet, sans respect de soi-même, puisqu'on est toujours, quoi qu'il arrive, forcé de lui donner sa maigre pitance. Le menacera-t-on du juge de paix, qui le condamnera à l'amende et à l'atelier de discipline? L'amende, il ne la paiera pas; l'atelier de discipline, l'homme dont nous parlons, le mauvais sujet, ne s'en effraie pas.

Ici apparaît un autre des funestes effets de l'engagement forcé. Il ne mécontente pas seulement les bons, il ne fait pas seulement naître dans leur âme l'amertume et les rancunes qu'inspire toujours l'oppression; il abrutit les mauvais, il entretient le défaut de dignité chez l'affranchi qui ne s'est pas encore affranchi lui-même des vieilles corruptions de l'esclavage. Comment se relèverait-il de sa léthargie morale? Au lieu de l'y aider, vous l'allourdissez davantage par un nouveau genre de servitude. Votre devoir envers un frère tombé dont vous avez causé la chute, vous ne le remplissez pas. Est-ce donc en le replongeant dans l'ilotisme que vous réveillerez en lui les sentiments nobles qui sont au fond du cœur de tous les hommes et qui ont besoin de l'éducation, de la liberté et du bien-être, pour se manifester comme le diamant a besoin d'être poli pour émettre ses mille feux. Du 1er janvier au 31 décembre, vous l'enchaînez sur une plantation où vous lui donnez pour logement une mauvaise case toute nue, dans laquelle il n'a pas au moins la consolation de recevoir qui lui plaît; à cela, vous n'ajoutez qu'un salaire que la nature de votre *régime du travail* met nécessairement à votre discrétion, vous l'enveloppez d'un réseau d'entraves, vous le condamnez à prendre un passe-port dont la moindre irrégularité l'expose à être arrêté, fut-ce sur le seuil de sa porte; jusqu'à la réforme de M. Lormel, pendant sept longues années, il n'a pas même eu la liberté de dépasser l'enceinte de votre domaine, sans un billet valant pour une destination fixe, et s'il était rencontré hors de la ligne directe de cette destination, il était traité comme un repris de justice en rupture de ban. Qu'arrive-t-il ? C'est que, ne pouvant trouver une grande différence entre ce régime et l'atelier de discipline, il s'inquiète peu du change. L'atelier de discipline n'est pas, en réalité, beaucoup plus dur qu'un pareil engagement, on n'y est guère plus emprisonné. Votre despotisme est tellement inepte, qu'il n'a laissé aucune influence morale à la crainte du châtiment. Il n'y a pas de déshonneur à subir la peine appliquée au débiteur insolvable d'une amende de police.

On ne réparera tant de mal qu'en faisant retour aux grands principes de justice, qu'en jetant au feu ces lois d'exception, pour replacer toutes les classes de la population coloniale dans le droit commun.

Nous le savons; nul aujourd'hui n'ose défendre l'arrêté du 2 décembre 1857, on prétend même que l'attaquer est une sorte d'anachronisme, parce qu'il est tombé en désuétude. Nous ne sommes point assez naïf pour être touché de cette fin de non recevoir. Et d'abord, il était encore en pleine rigueur en 1864, comme l'attestait un témoin oculaire,

M. Serpette; ensuite, nos correspondances de la Guadeloupe nous autorisent à dire que si, à la vérité, l'administration ne veille pas à son exécution avec autant d'animosité
que celle de la Martinique, il est malheureusement certain
que dans plusieurs communes, notamment de la Grande-
Terre, on ne l'a pas tout-à-fait abandonné. Nous croyons
inutile d'entrer dans une discussion à cet égard ; qu'il soit
ou ne soit pas plus ou moins mis en œuvre, il n'importe ;
ce que nous demandons au nom de la justice, c'est qu'il soit
complètement abrogé. Il n'a jamais fait aucun bien, il n'a fait
et ne pourra toujours faire que du mal. Est-il vrai qu'il soit
réellement tombé en désuétude, c'est qu'il est inutile, et
personne, dès lors, ne se plaindra qu'on l'abroge ; est-il vrai,
au contraire, qu'il survive encore dans telle ou telle commune, selon l'esprit bon ou méchant des fonctionnaires
de l'endroit, tous les hommes honnêtes se féliciteront de le
voir rayé de la législation coloniale qu'il déshonore. *Morta
la bestia, morto il veneno.*

Nous croyons bon de reproduire ici quelques articles de journaux que nous avons publiés depuis peu, et qui forment une sorte de complément de cette brochure.

L'INCENDIE DE LA POINTE-A-PITRE
ET LES CALOMNIATEURS DES HOMMES DE COULEUR

Il existe à la Martinique un certain nombre d'hommes malheureusement fort actifs qui font beaucoup de mal. Dans ce pays, auquel l'esclavage des noirs a légué fatalement le préjugé de couleur, ils ne cessent de provoquer à la haine des citoyens les uns contre les autres, en dirigeant contre la classe des hommes de couleur les accusations les plus odieuses. Ils portent leurs attaques jusque dans quelques journaux de la métropole, qui, trompés, nous voulons le croire, accueillent leurs communications. Tous les moyens leur semblent bons; il n'est pas jusqu'aux malheurs publics que n'exploite leur malfaisance. Une épouvantable calamité vient de frapper la Guadeloupe; la ville de la Pointe-à-Pitre, rebâtie en bois depuis le tremblement de terre qui en avait fait une montagne de décombres, a été dévorée par un incendie. Aussitôt les fauteurs de désordres se mettent à l'œuvre ; ils écrivent de la Martinique. « Cet incendie est le résultat évident d'un crime...
« Le feu a éclaté en *quinze endroits différents*... Le gouver-
« neur voulait d'abord, on ne sait dans quelle intention,
« nier la malveillance, mais aujourd'hui, il lui est impossible
« de méconnaître que la capitale commerciale de la Guade-
« loupe a été brulée, à l'imitation de la capitale de la France,
« et qu'il a affaire à une population dont les trois quarts sont
« animés des intentions les plus perverses. Le mot d'ordre
« est qu'il faut ruiner la race européenne afin de l'obliger
« à fuir de la colonie. »

Les *trois quarts de la population* ainsi dénoncés, sont les Nègres et les Mûlatres qui brûleraient eux-mêmes leurs propriétés pour se donner la satisfaction de brûler celle des Blancs ! En effet beaucoup de ces « pervers » sont propriétaires à la Pointe-à-Pitre, et ils y tiennent plus de la moitié des boutiques. Mais « ils ont fait marcher le pillage de front « avec l'incendie, » de sorte que « la population blanche de « la ville s'est trouvée le lendemain ne posséder que les vête- « ments qu'elle avait sur le corps, sans un morceau de pain « à se mettre sous la dent. » Il y aurait plus : la Martinique ayant envoyé, dès qu'elle fut instruite du malheur, trois bâtiments chargée de vivres, « les nègres se sont refusés à prê- » ter leur concours pour les décharger, » au risque de mourir de faim tous les premiers ! « Ce sont les jeunes blancs qui ont opéré le débarquement. »

Vient ensuite la péroraison habituelle de ce genre d'élucubration : « Il n'y a plus désormais à contester que les anciennes « colonies à esclaves ne soient menacées des plus horribles « catastrophes... Ici le nombre est aux passions brutales et « aux ardentes convoitises... Que la France s'émeuve donc, « qu'elle ne laisse pas se renouveler les horreurs de Saint- « Domingue, qu'une *impitoyable* énergie réprime partout le « crime. »

Voilà ce qu'on écrit contre une classe entière des habitants de la Guadeloupe, et cela avant toute enquête, toute information judiciaire, quand, fût-il prouvé que l'incendie est dû à un crime, le criminel seul serait responsable, comme les auteurs de pareilles correspondances, détestables artisans de guerre civile, sont seuls responsables de leurs funestes calomnies contre les hommes de couleur; voilà ce que l'on écrit de Fort-de-France à la date du 26 juillet, alors que M. Trillard, directeur de l'intérieur à la Martinique, avait officiellement publié à Fort-de-France même, le 21 juillet, dans le journal le *Bien public* : « La Pointe-à-Pitre est réelle- « ment détruite, moins ses faubourgs. Gouverneur, directeur « de l'intérieur, procureur général, magistrats et maire disent « n'avoir pas trouvé encore trace de malveillance. Ils « croient à un accident. »

L'opinion publique, en Europe, doit se tenir en garde contre ces affreuses imputations. L'amiral Pothuau, ministre de la marine et des colonies, dont la loyauté bien connue ne se prêterait certainement dans aucun intérêt à déguiser la vérité, leur a donné un éclatant démenti. Il vient de faire insérer, dans le *Journal officiel*, numéro du lundi 14 août, le résumé des dépêches de la Guadeloupe parvenues à son ministère le 12, et l'on y trouve la preuve que chaque paragraphe de la correspondance de la Martinique est une invention de la haine la plus insensée : « ..... Ce sinistre *est très-probablement le « résultat d'une imprudence*. L'ordre n'a pas été troublé un « seul instant. *La population a fait son devoir*..... *La popula- « tion noire* a été constamment employée au service des pom- « pes...... Les extraits des rapports officiels du gouverneur « de la Guadeloupe et du directeur de la Banque donnent à « penser, comme on peut le voir, que le terrible incendie ne « doit pas être imputé à des mains criminelles. Tout fait sup- « poser, jusqu'à présent, qu'il est dû à un de ces terribles ha- « sards que la prévoyance humaine ne peut malheureusement « pas conjurer. »

Nous ne sommes pas de ceux qui croient à l'infaillibilité officielle, mais quand toutes les autorités d'un pays sont d'accord, quand *gouverneur*, *directeur de l'intérieur*, *procu- reur-général*, *magistrats et maire* sont unanimes à dire que « l'ordre n'a pas été troublé, » peut-on, sans parti pris, se refuser à le croire ? Qu'il y ait eu quelque tentative de pil- lage, nous le supposons possible, très-possible. Dans quel lieu du monde n'y a-t-il pas, hélas ! des malfaiteurs toujours prêts à tirer un exécrable profit d'un désastre de la commu- nauté ? Mais ériger les coups de mains des voleurs en « dé- sordres sérieux » et les attribuer à toute une classe détermi- née, nous laissons aux gens de bonne foi de tous les partis à juger un pareil procédé.

Le *Journal officiel* termine son article par les réflexions suivantes trop justement sévères : « Tous les détails que nous « avons pris soin de publier sont aujourd'hui connus de tous. « Il est donc surprenant que des journaux, comme le *Gaulois* « et le *Soir*, contiennent dans leurs colonnes des renseigne- « ments particuliers qui ne sauraient offrir les garanties « d'exactitude que l'on trouve dans les documents officiels, et « qui ne peuvent que passionner les esprits. Ce n'est pas en « provoquant *en toute occasion* l'antagonisme des classes qui

« sont en présence dans nos colonies que l'on parviendra à
« obtenir cette entente, cette conciliation qui sont désirables,
« et sans lesquelles on ne pourra prétendre à y établir un
« gouvernement sage et régulier. »

Ce n'est pas la première fois que le gouvernement a lieu
d'adresser de pareils reproches aux deux journaux en question, et les avertit qu'ils servent de très-mauvaises passions en
prêtant leurs colonnes aux ennemis de l'ordre aux colonies.
Espérons qu'ils se laisseront enfin convaincre et qu'après
avoir été dupes, ils ne voudront pas devenir complices. Qu'ils
consultent l'histoire de la Guadeloupe, ils y liront que lors
de l'effroyable tremblement de terre de la Pointe-à-Pitre en
1843, la population noire se conduisit avec un dévouement,
une vaillance, une générosité auxquels tous les Blancs ont
rendu publiquement hommage.

(*L'Avenir national*, 19 août 1871).

Les calomnies que nous combattions dans cet article ne
sont pas nouvelles. L'incendie de la Pointe-à-Pitre n'a été
qu'un prétexte pour les reproduire ; elles sont systématiques,
elles remontent aux premiers jours de l'abolition de l'esclavage. Leurs auteurs, inconsolables de voir les sangs-mêlés devenir leurs égaux en droits politiques, excitent les vieilles
haines de caste et espèrent tromper la métropole en représen-
tant toujours les classes jaune et noire comme rêvant l'exter-
mination de la classe blanche.

Ils y mettent une si funeste persévérance qu'ils trouvent
des crédules.

Il est singulier que les colons, naturellement très-braves, se
laissent ainsi mener par la peur de dangers imaginaires, ou-
bliant que ces dangers, fussent-ils réels, leur courage, aidé
de la force militaire dont disposent les gouverneurs, aurait
vite raison de toute entreprise criminelle. Chose bizarre,
frappante, ils vivent et dorment les portes ouvertes dans les
campagnes où il y a cent nègres pour un blanc, et ils pren-
nent au sérieux l'épouvantail « de la torche et du coutelas »
qu'une poignée d'agitateurs fait mouvoir devant eux.

S'ils ne veulent pas en croire leur raison, qu'ils écoutent au
moins les deux gouverneurs de la Martinique et de la Guadeloupe. Ceux-ci, que leur position met à même de voir clair

au fond des choses, viennent encore de leur dire en ouvrant
la session des Conseils généraux, que l'ordre matériel et moral règne partout, et que « le meilleur esprit anime la grande
majorité de la population. » Le petit groupe d'hommes mé-
contents du présent, qui ne cessent de jeter des cris d'alarme,
tomberont dans l'impuissance le jour où la crédulité ne donnera plus de corps aux prétendus mauvais desseins des hommes de couleur.

Ces derniers ne méritent pas l'injure de tels soupçons. Ils
avaient beaucoup à se plaindre du passé. M. le capitaine de
vaisseau Layrle, qui connaissait bien nos colonies, disait en
1842, dans un ouvrage officiel : « ..... Les torts ne sont pas
« du côté de la classe de couleur. L'exclusion sociale dont
« elle est frappée (1) peut faire naître en elle des ressenti-
« ments, des idées de vengeance contre ceux qui la tien-
« nent dans l'isolement..... Les progrès des mulâtres n'atté-
« nueront pas les fâcheux dissentiments que les prétentions
« injustes de nos colons ont soulevés. » (*Abolition de l'esclavage dans les colonies anglaises*, in-8°, page 273.)

En 1848, à l'époque de la transformation sociale de leur
pays, les mulâtres n'eurent aucune « idée de vengeance, » ils
oublièrent leurs griefs, tout en revendiquant l'égalité pour eux
et pour leurs frères affranchis, ils montrèrent autant de sagesse que de loyauté.

L'ancien commissaire général de la République à la Guadeloupe, M. Gatine, dont la modération n'a jamais été contestée
par personne, a rendu à leur conduite cet hommage mérité :
« Rois détrônés, acceptant difficilement la déchéance, les co-
« lons (2) persistent dans leurs incriminations passionnées,
« sans savoir qu'ils se montrent souvent ingrats envers des
« hommes auxquels sont dus en grande partie, après l'éman-
« cipation, le maintien de l'ordre et du travail, le salut des
« colonies. Voilà ce que dira sans doute un jour l'impartialité
« de l'histoire. » (*Abolition de l'esclavage à la Guadeloupe.*
Paris, 1849, in-8°, page 60).

---

(1) Elle dure encore très-malheureusement.

(2) Nous dirions, nous aujourd'hui « certains colons, » il ne serait plus
juste de généraliser.

Les hommes de couleur ont fait leur devoir, ils n'en attendaient pas de récompense, mais ils ont au moins bien droit à n'être plus dénoncés par les incorrigibles comme nourrissant d'affreux projets. Ils ne demandent que justice. Depuis l'avénement du brave et honnête amiral Pothuau au ministère, ils ont la consolation de voir qu'elle leur sera rendue par l'administration centrale.

LA POPULATION DE COULEUR A LA GUADELOUPE

Le Conseil général de la Guadeloupe qui s'est réuni le 14 novembre à la Basse-Terre, a signalé sa première séance par un vote regrettable. Selon l'usage, le président, M. Léger, a adressé une allocution à l'assemblée. Dans un passage de son discours, lui témoin et victime du terrible incendie de la Pointe-à-Pitre, il crut devoir flétrir les incriminations publiées dans deux journaux de la Métropole contre la population de couleur dont mieux que personne il avait pu constater l'excellente attitude durant l'affreux sinistre. La vérité ainsi de nouveau affirmée devant l'opinion publique ne devait pas trouver grâce devant une faction qui semble résolue à ne laisser aucun repos à la colonie. MM. Picard et Souque ont protesté contre ce passage du discours du Président, et, à la suite d'une vive discussion, la majorité (1) a décidé que la partie de l'allocution relative à la défense des hommes de race noire et jaune serait retranchée.

Ainsi, le gouverneur de la Guadeloupe et le procureur-général, après une longue et sérieuse enquête, ont proclamé que

---

(1) Le suffrage universel que les rétrogades ont attaqué aux colonies, sous prétexte qu'il devait toujours donner une majorité écrasante à la population de couleur, sur 24 membres qui composent le conseil général de la Guadeloupe en a envoyé 16 appartenant à la classe blanche. Le président élu, l'honorable M. Léger, est aussi un blanc.

l'incendie était dû à un fatal accident; M. l'amiral Lefèvre, envoyé sur les lieux, et un délégué des Compagnies d'assurances, ont attesté la même chose après de nouvelles investigations; enfin M. le ministre de la marine et des colonies, appuyé sur les rapports des divers fonctionnaires chargés làbas de sa confiance, a déclaré officiellement que le crime n'avait aucune part dans ce malheur; rien n'a pu détruire les funestes préventions de quelques hommes influents de l'ancienne classe des privilégiés, rien n'a pu les empêcher de donner un démenti solennel au gouverneur de l'île, au procureur-général, à l'amiral Lefèvre et au ministre! Quelles raisons au monde pouraient induire tant des plus hautes autorités à tromper la France sur le réel état des choses? Il est impossible à l'imagination la plus fertile d'en inventer une. N'importe, dans l'aveuglement de ses déplorables passions, la majorité du Conseil général maintient que l'incendie de la Pointe-à-Pitre est l'œuvre non pas même d'un criminel, mais d'une vaste conspiration ourdie par toute une classe. En effet, les correspondances et les articles des journaux auxquels faisait allusion l'honorable M. Léger, embrassent formellement la population noire et jaune tout entière dans leurs accusations. L'un de ces journaux disait encore le 14 août : « Il « n'est pas douteux que le sinistre ne doive être attribué à la « haine des nègres contre la population blanche. Pendant « que la ville brûlait, messieurs les nègres se sont livrés à un « pillage en règle.» Rien de moins vrai, les nègres pillards comme les nègres incendiaires sont de pure invention. M. Couturier, le gouverneur de l'île, a rendu hommage à la bonne conduite des nègres au milieu de la conflagration. Il est bon de répéter, d'ailleurs, que les nègres et les mulâtres qui auraient mis le feu aux quatre coins de la Pointe-à-Pitre, auraient été leurs propres bourreaux, car plus de la moitié au moins des maisons de la ville, cela est constant, leur appartenait.

La nouvelle du regrettable vote du Conseil général s'est répandue presque aussitôt qu'il a été rendu et a produit la plus pénible impression. Il a profondément indigné les hommes noirs et jaunes pour qui il est une insulte directe. Là majorité du Conseil, en se rendant solidaire des indignités dont ils avaient été publiquement l'objet, signifiait par ce fait qu'elle les tenait pour des incendiaires. Un vote de cette nature est une véritable provocation, et n'était la sagesse dont les deux classes outragées ont déjà donné tant de preuves, il aurait pu engendrer de grands désordres.

L'idée même des exécrables projets qu'on leur prête est absurde. Pourquoi donc voudraient-elles la perte des blancs? Quel bénéfice y trouveraient-elles? Elles savent qu'il y a place pour tout le monde dans l'île; elles savent qu'à suivre le système régulier d'incendies qu'on leur impute, dans le but de forcer les blancs par la terreur du feu à leur laisser la place vide, elles commenceraient par se ruiner, puisqu'on ne peut brûler la maison d'un blanc sans brûler celle d'un mulâtre ou d'un nègre qui est contiguë; elles savent que cet horrible complot, fût-il praticable, ne réussirait pas, parce que l'homme est tellement attaché au lieu de sa naissance qu'il ne s'éloigne pas même du pied du volcan ouvert où il a construit une cabane; elles savent aussi que parvinssent-elles de la sorte à s'emparer de l'île, la France a des forces plus que suffisantes pour la leur reprendre et les écraser.

La haine que les fauteurs de guerre civile prêtent aux nègres et aux mulâtres contre les blancs existe chez ceux-là seulement qui la leur attribue. Quelle plus grande preuve de haine que cette persistance à les accuser en masse envers et contre tout d'avoir incendié la Pointe-à-Pitre? Un autre sentiment qu'une aveugle haine, pourrait-il porter des hommes, qui n'ont pas perdu le sens, à fausser la vérité de propos délibéré en écrivant par exemple que « le lendemain de la catastrophe les noirs se sont refusés à décharger les vivres apportés par les steamers, » quand il est officiellement avéré, au contraire, que les noirs ont donné leur concours avec empressement? Les mauvaises passions, sinon la haine, elles sont au cœur des insensés à qui le ministre de la marine et des colonies a pu dire dans le *Journal officiel* : « Ce n'est pas « en provoquant en toute occasion l'antagonisme des classes « qui sont en présence dans nos colonies que l'on parviendra « à obtenir cette entente cordiale sans laquelle on ne pourra » prétendre à y établir un gouvernement sage et régulier. »

Ce qui vient de se passer à la Martinique n'est guère moins affligeant. Onze membres étaient à élire pour compléter le conseil municipal de Saint-Pierre. Le comité électoral des hommes de couleur porta sur sa liste *six* candidats, tant nègres que mulâtres et cinq blancs. C'était bien montrer le désir d'amener « l'entente cordiale » que souhaitent tous les amis de l'ordre, et l'on était en droit d'attendre que les blancs accepteraient le mandat qui leur était offert avec franchise et sincérité. Vain espoir, les cinq blancs ont été élus, mais à peine le résultat du scrutin connu, ils ont donné leur démission ! N'est-ce pas dire qu'ils refusent toute conciliation sur le terrain du suffrage universel? Que veulent-ils donc, et pour les contenter que pourraient faire les hommes de couleur dénoncés par les trompettes de l'oligarchie coloniale comme acharnés à se substituer aux blancs. Puissent les gens raisonnables, et ils ne manquent pas parmi les blancs, s'armer de courage civil pour manifester leur opinion, presser leur congénères de revenir à des sentiments plus justes, plus conformes à l'intérêt général, leur représenter que ce système d'abstention ne saurait mener à rien qu'à la discorde ! En attendant, nègres et mulâtres ont une seule conduite à tenir : persister dans leur esprit d'ordre, offrir avec persévérance, au nom du bien public, la main de paix à leurs adversaires, mais ne porter désormais sur leurs listes électorales que les personnes qui auraient demandé les suffrages des électeurs ou déclaré accepter la candidature qui leur serait proposée. Il ne convient pas à leur dignité de s'exposer plus longtemps à des dédains non mérités.

(*L'Avenir national*, 14 décembre 1871.)

Cet article a provoqué de la part de M. Picard la réclamation suivante, que nous nous sommes empressés de publier.

(Voir l'*Avenir national*, 18 février 1872.)

A Monsieur Schœlcher, membre de l'Assemblée nationale

Monsieur,

Un des derniers courriers apportait dans notre colonie plusieurs numéros du journal de M. Gambetta ; nous y avons lu, et l'on ne s'en est pas préoccupé, une lettre, sous forme d'appel aux électeurs de la Guadeloupe : mais le n° 4 du 13 décembre de l'*Avenir national* contient un article signé de vous, intitulé : « La population de couleur à la Guadeloupe. » J'y suis nominativement désigné, vous me permettrez d'y répondre.

Tout d'abord, monsieur, je vous dirai que, pour professer une opinion politique diamétralement opposée à la vôtre, je n'en crois pas moins à votre parfaite honnêteté, comme vous croirez à la mienne, lorsque vous vous serez renseigné auprès d'autres hommes que ceux qui, à l'occasion d'un incident survenu au Conseil général, ont abusé de votre bonne foi, et dans une pensée malveillante, dénaturé les faits les plus simples.

Monsieur le président, tout autant pour saisir l'occasion d'adresser des louanges à monsieur le Gouverneur, que pour donner à une partie de notre population une satisfaction dont celle-ci n'avait nulle besoin, crut devoir faire allusion à des accusations anonymes dont l'opinion publique avait déjà fait justice.

« La vérité, dites-vous, ainsi affirmée, ne devait pas trouver grâce devant une faction, qui semble résolue à ne laisser aucun repos à la colonie : messieurs Picard et Souques, etc., etc.

Si l'incident est resté dans le huis clos, soyez bien convaincu, monsieur, que ce n'est pas à ma sollicitation, car j'avais tout à gagner à sa publicité; vous en jugerez vous-même par l'exposé sincère de mes propres paroles :

« Monsieur le président, votre discours, différant en cela de l'ancienne adresse, vous appartient; le Conseil n'en est pas responsable; mais me permettrez-vous de faire une prière, dans un intérêt d'ordre public? Laissez-moi vous demander d'en supprimer le dernier paragraphe. Pourquoi faire revivre une question qui n'a que trop agité les esprits : pourquoi fournir encore de l'aliment aux mauvaises passions! D'ailleurs, est-il bien de la dignité et du devoir du Conseil général de s'occuper d'accusations anonymes? Y attacher la moindre importance, n'est-ce pas fournir à l'approche de chaque session, un prétexte à ceux qui voudraient voir les représentants du pays perdre leur temps en vaines discussions? D'un autre côté, monsieur le Président, prenez garde que votre protestation n'en amène une autre et l'obligation de mettre en jeu des hommes haut placés, qu'il faut, autant que possible, ne pas exposer à des attaques. »

Monsieur Souques prit la parole pour joindre ses prières aux miennes, faisant appel à la prudence si connue du Président, mais rien ne put ébranler celui-ci. C'est alors que, comme dernier moyen, mon ami a signalé le danger qu'il y aurait à laisser se produire, à côté de la protestation du Président contre les protestations anonymes, une protestation encore plus fondée contre la malheureuse lettre de M. l'amiral Lefèvre, qui n'avait pas craint de dire que la race blanche est toujours disposée à jeter l'odieux sur la *basse classe de la race de couleur*. Cette lettre émanant d'un amiral avait une portée que nous ne voulions pas reconnaître aux articles adressés à quelques journaux de la capitale. Elle était d'autant plus regrettable qu'une phrase, mal construite, pouvait prêter à la pensée de M. l'amiral Lefèvre un sens qu'il n'avait certainement pas eu l'intention d'y attacher. M. l'amiral Lefèvre, après avoir dit qu'il ne croyait pas à la malveillance, ajoute : « Cependant les perquisitions continuent, le gouverneur a raison ; une certaine catégorie de personnes est toujours disposée à jeter sur les gens de couleur de la basse classe des inculpations souvent sans fondement. »

Cette dernière appréciation est évidemment toute personnelle à l'amiral, et le membre de phrase « le gouverneur a raison » se rapporte incontestablement à la phrase précédente et signifie que le gouverneur a raison de faire continuer les perquisitions.

Mais les hommes *mal disposés pour M. Couturier*, ont feint de croire que le commandant de la station des Antilles parlait tout aussi bien en son nom qu'au nom du gouverneur dont il n'était que l'écho, et ont rendu le dernier solidaire de l'accusation injuste portée par le premier.

Pardonnez-moi, monsieur, d'entrer dans tous ces détails ; mais je les crois nécessaires pour vous éclairer. L'Assemblée convaincue du danger qu'il y aurait à laisser publier le dernier paragraphe du discours, se joignit, à une très-grande majorité, à M. Souques et à moi pour inviter son Président à le retrancher. Si l'honorable M. Leger avait accueilli de bonne grâce notre demande, nous lui en eussions su gré ; il a cru devoir laisser au vote l'appréciation de ce paragraphe, que je persiste à qualifier de malheureux ; et neuf voix sur treize m'ont donné raison contre le président.

J'étais d'autant plus autorisé à parler ainsi, dans cette circonstance, que je suis peut-être le premier qui, au lendemain de l'incendie, ait signalé à monsieur le gouverneur un fait qui semblait démontrer que l'événement du 18 juillet était un grand malheur, mais non un crime.

Depuis lors, quand, sur certains indices, on a pu croire à la malveillance, j'ai persisté à soutenir que, même en l'admettant, il ne faudrait y voir que l'œuvre de quelques mauvais drôles ; car, il faut l'avouer, nous avons ici un groupe, peu nombreux, il est vrai, d'hommes à mauvais desseins, de réfractaires de tout épiderme. Au lendemain de notre désastre, quand on cherchait le coupable, le premier nom mis en avant fut celui d'un *blanc*.

Il y a, monsieur, une tendance fâcheuse chez ceux qui, dans la Presse, s'occupent de questions coloniales et qui écrivent sous l'influence de renseignements passionnés, fournis avec mauvaise foi et accueillis trop facilement. Ils persistent à classer la population et voient ici des *blancs*, des *mulâtres* et des *nègres*, quand nous, que vos correspondants veulent mettre à l'*index*, nous ne voyons aux colonies que deux partis : celui de l'ordre et celui du désordre. C'est ce dernier qui a cherché dans l'incident du Conseil général un prétexte à l'agitation ; mais je dois, me joignant à vous, rendre hommage au bon esprit de notre population guadeloupénne ; car le principal agitateur, quoique affirmant que son récit n'était que la reproduction textuelle de la confidence d'un conseiller général, n'a pas trouvé à la Basse-Terre dix personnes disposées à faire une manifestation. A la Pointe à-Ptre, il a encore été moins heureux. On vous a donc trompé en vous disant que les *noirs et les jaunes ont été indignés de cette insulte directe.*

A la Pointe-à-Pitre, où je suis connu, et j'ose dire, estimé, il y a eu un moment de surprise à la lecture de ce récit imaginaire envoyé du chef-lieu ; cette surprise s'est en effet changée en indignation, mais contre ceux qui avaient osé travestir ma pensée et celle du Conseil.

Je ne veux pas voir dans mes collègues des blancs et des hommes de couleur : à mes yeux, nous ne sommes tous que des mandataires, librement choisis par les électeurs, avec mission de nous occuper de la bonne gestion des finances du pays; mais enfin, puisque vous-même, monsieur, vous persistez à classer, laissez-moi vous dire que les hommes de couleur (tous, je l'espère!) (1), qui font partie du Conseil, ont été peinés de la mauvaise foi avec laquelle des hommes mal intentionnés ont interprété cet incident pour y chercher un prétexte à désordre.

Croyez-moi, monsieur, *la faction qui semble résolue à ne laisser aucun repos à la colonie*, n'est pas nombreuse et elle n'a, je vous assure, aucune sympathie pour MM. Souques et Picard, de qui elle se garde bien de prendre conseil.

De moi, je n'ai rien à dire. Les colons honorables qui habitent Paris pourront vous apprendre qui je suis. Quant à mon ami, M. Souques, il suffira de savoir que cet intelligent industriel est à la tête d'une opération qui se chiffre par millions pour comprendre qu'il est un des plus intéressés à l'ordre. Il emploie journellement des milliers d'ouvriers pour lesquels il est plein de sollicitude. C'est lui qui le premier, dans ce grand mouvement industriel qui s'est produit à la Guadeloupe, a eu l'heureuse pensée de pousser, en l'aidant de ses capitaux, au développement de la petite propriété, la meilleure garantie d'ordre et de sécurité aux colonies.

Un mot en terminant, et je m'adresse ici, monsieur, plutôt au philanthrope, à l'apôtre de l'émancipation des noirs, qu'à l'homme politique. Il y a dans nos pays une question qui prédomine, c'est la question sociale. Celle-ci marchera d'un grand pas du moment que la politique ne viendra pas agiter les esprits. L'antagonisme politique tend à réveiller l'ancien antagonisme de race; nos habiles s'en servent, comme d'un puissant levier, quand il s'agit de remuer les masses pour assurer l'élection de leurs *amis. Que nos colonies cessent d'être représentées dans nos assemblées métropolitaines*, où leurs députés ne forment qu'une faible minorité sans influence sur les destinées de la France, qu'elles n'aient plus que le souci de leurs propres intérêts; que nos Conseils municipaux et nos Conseils généraux ne soient plus que des assemblées, travail-

---

(1) Voir, plus bas, la réponse du Président au Conseil général.

lant d'un commun accord à la meilleure gestion de la fortune publique, et l'ordre ne cessera de régner : nous aurons encore des jours prospères pour tous.

Je suis trop sûr de votre loyauté pour croire nécessaire de vous prier, monsieur, d'insérer cette réponse dans les colonnes du journal qui a accueilli votre attaque contre deux hommes que vous ne connaissez pas.

Veuillez agréer, monsieur, l'expression de ma considération distinguée.

E. Picard.

A cette lettre, que M. Picard publia à la Guadeloupe en même temps qu'il nous l'adressait, M. Léger, président du Conseil général a fait une réponse dont nous donnons ci-dessous les passages importants :

Pointe-à-Pitre, 19 janvier 1872.

Monsieur le rédacteur,

. . . .

Les correspondants de M. Schœlcher ou *ceux de mes collègues sur la foi desquels ils ont écrit, ont dit la* VÉRITÉ ; mais peut-être n'ont-ils pas suffisamment expliqué le motif qui m'a porté à supprimer de mon allocution la phrase à laquelle ils font allusion. Le récit de M. Picard lui-même, également vrai d'ailleurs, n'est cependant pas tout à fait complet.

J'avais dit :

« Je saisis cette première occasion qui m'est offerte de protester hautement et publiquement contre les appréciations malveillantes de certains journaux de la métropole à l'égard d'une partie de notre population et au sujet de l'incendie de la Pointe-à-Pitre. »

C'est cette phrase qui a été supprimée, et je tiens à dire que c'est de mon libre consentement. Voici comment les choses se sont passées :

M. Picard et après lui M. Souques, me firent observer que, si ma pensée comme son expression m'appartenaient, il leur appartenait également d'exprimer la leur et de la faire constater au procès-verbal ; qu'ils croyaient donc qu'en formulant le reproche que contenaient mes paroles, à l'adresse de quelques journaux, dans l'intérêt d'une partie de notre population, j'aurais dû m'élever au même titre contre la lettre de M. l'amiral Lefèvre, contenant, suivant eux, sur une autre catégorie de la population, une allégation également injuste et contre laquelle ils entendaient protester à leur tour, si la phrase était maintenue.

Si je n'ai pas déféré tout d'abord à cette demande de mes deux collègues, c'est qu'elle ne fut pas formulée en termes aussi conciliants que les rapporte M. Picard, et qu'au contraire ils ne tardèrent pas à manifester une intention de *protestation* ; le récit de M. Picard en fait foi. C'est aussi parce que, n'ayant pas compris la lettre de M. l'amiral dans le sens et avec la portée qu'on voulait lui prêter, il ne m'avait pas paru nécessaire d'en parler. Mais je n'eus pas de peine à comprendre tout ce qu'aurait de regrettable au début de la session et en tous cas, la constatation de divisions de classes qui sont d'une autre époque et qui n'ont plus raison d'être ; et voulant répondre par un acte de condescendance à l'honneur que venait de me faire le Conseil en m'appelant de nouveau à sa présidence, je me déclarai prêt à déférer au désir qu'il manifestait, en retirant une phrase qui n'était pas *contestée*, mais qu'on jugeait incomplète ou insuffisante. Je consultai donc le Conseil, et la majorité fut d'avis du retrait.

Je crois avoir fait en cela un acte de prudence commandé par la confiance que me témoignait une assemblée que j'avais l'honneur de présider pour la douzième fois, et il a fallu, vous pouvez le croire, Monsieur le rédacteur, que j'en fusse bien convaincu pour avoir renoncé à l'expression d'une opinion qui était et qui est toujours la mienne, comme elle est celle de tous les gens impartiaux, à savoir : que si, ce dont je repousse la pensée, c'est une main coupable qui a causé notre malheur, il est souverainement injuste et inconséquent d'en faire rejaillir l'odieux sur une partie de notre population qui en a elle-même considérablement souffert.

A. LÉGER,
Président du Conseil général
dans sa dernière session.

Voici maintenant notre réplique à l'honorable M. Picard :

A Monsieur E. Picard. (Pointe-à-Pitre.)

Paris, 14 février 1872.

Monsieur,

J'ai reçu la lettre que vous m'avez fait l'honneur de m'adresser, en réponse à mon article de l'*Avenir national*. Avant tout, je dois vous remercier de sa parfaite courtoisie et de ce que vous voulez bien y dire de particulièrement obligeant pour moi. J'en suis fort touché et si quelque chose, dans mon article, avait pu vous blesser personnellement, je m'empresserais de le rétracter.

Comme vous le désirez, je publie textuellement votre lettre dans le journal qui a contenu mon article. Vous ne trouverez pas mauvais, j'espère, que je la fasse suivre de celle de M. Léger, qui sert si bien à justifier mes correspondants de toute accusation de malveillance.

A mon avis, M. Léger faisait une chose utile, d'une excellente politique, en engageant le Conseil général à répudier les odieuses calomnies éditées par des journaux de la métropole contre *toute* la classe de couleur. Si bonne que fut votre intention en lui demandant de supprimer ce passage de son discours, je la trouve très-regrettable. Il n'y avait ni de quoi « agiter les esprits, » ni de quoi « alimenter les mauvaises passions, » à flétrir le mensonge. La protestation du Conseil général, des représentants locaux de la colonie, élus par le suffrage universel, ne pouvait au contraire qu'effacer les dernières traces de l'irritation. C'était alors la colonie même qui donnait une satisfaction légitime à la population calomniée.

Je ne vois pas, monsieur, comment ce bon témoignage aurait pu amener une protestation analogue en faveur de la population blanche, à propos de la lettre de M. l'amiral Lefèvre. En effet, qu'a dit l'amiral? « Une certaine catégorie de personnes est toujours disposée à jeter sur les gens de couleur des inculpations souvent sans fondement. » Vous êtes trop juste pour ne pas le reconnaître en y réfléchissant ; ce n'est pas du tout là mettre en cause la classe blanche, mais seulement « une certaine catégorie de personnes, » et que cette détestable catégorie de personnes existe, les correspondances mêmes, adressées de la Guadeloupe et de la Martinique aux journaux que stigmatisait M. Léger, en sont une preuve trop évidente.

Du reste, quitte à faire vos réserves à ce sujet, mieux valait encore, la proposition de M. Léger une fois faite, ne pas l'écarter, que de donner en l'écartant au Conseil général une grande apparence de solidarité avec les calomniateurs. Supprimer le blâme, n'est-ce donc point déclarer qu'il n'y a point de faute ? L'honorable M. Léger est connu pour un homme sage, modéré, aussi sa persistance à maintenir la phrase que vous condamnez me confirme-t-elle dans mon opinion. La majorité du Conseil, au sein de laquelle, je crois, ne s'est pas trouvé un seul homme de couleur, s'est rangée à votre avis ; tout en rendant hautement justice à vos bonnes intentions, je n'en persiste pas moins à croire que le vote que vous avez emporté a été malheureux. Je me félicite de pouvoir déclarer que M. Rollin, mon honorable collègue, est dans le même sentiment.

Maintenant, monsieur, laissez-moi dire que vous vous trompez d'une manière très-grave en supposant que le renseignement de mes correspondants a été « fourni de mauvaise foi. » Ils ne seraient pas les correspondants d'un homme dont vous voulez bien, avec une parfaite galanterie, reconnaître l'honnêteté, s'ils méritaient pareille injure. Ils sont aussi bien intentionnés que vous pouvez l'être, leur loyauté est au-dessus de toute attaque, et dans l'espèce, elle aurait pour garant, si elle en avait besoin, la parole de M. Léger. Sa lettre atteste « *qu'ils ont dit la vérité*, » et que, à votre propre insu certainement, vos observations dans le débat ont pris le « *caractère d'une protestation.* »

Soyons des adversaires, efforçons-nous de ne pas être des ennemis ; jugeons nos actes sévèrement, s'il le faut, mais n'incriminons pas nos pensées ; respectons-nous les uns les autres. En nous rapprochant sur le terrain de l'honneur, il y a quelque chance de nous rapprocher sur le terrain politique. Si radicalement opposées que puissent rester nos doctrines, combattons-nous au moins à armes courtoises. Des hommes « à mauvais desseins » se mêlent à tous les partis, mais ils ne sont en réalité d'aucun parti.

Mes amis de la Guadeloupe sont du vrai parti « de l'ordre, » celui de l'égalité et du progrès ; ils n'ont nullement recherché dans l'incident du Conseil général « un prétexte à l'agitation, » ils ont simplement et à très-bon droit constaté l'impression qu'il devait produire. Ne connaissant pas la pureté d'intention que vous y aviez apportée, ils ne pouvaient juger que le fait extérieur, le fait fâcheux qui les a indignés comme il m'a indigné moi-même, à savoir : le retranchement d'une flétrissure pour les calomnies qui atteignaient leur classe tout entière.

Vous leur reprochez, et vous me reprochez aussi à moi, monsieur, de « classer la population des colonies, d'y voir encore des *blancs*, des *mulâtres* et des *nègres*. » Mais d'abord est-ce nous qui avons commencé ? Nos ennemis, les ennemis de l'ordre, n'avaient-ils pas écrit que « le sinistre devait être attribué à la haine des *nègres* contre la population *blanche*? » N'avaient-ils pas affirmé, avec quelle effronterie de mensonge, vous le savez, que sur le refus « des Nègres, les jeunes Blancs « avaient été obligés de débarquer les vivres envoyés de la « Martinique, que pendant que la ville brûlait, messieurs les « *nègres* se livraient au pillage. »

Ensuite, il est malheureusement trop vrai qu'il y a encore aux Antilles des distinctions de races, nous devons tous travailler à les éteindre, mais ce n'est pas en couvrant le mal d'un voile d'ailleurs percé à jour qu'on le guérira, ce n'est pas surtout en enlevant aux colonies la représentation directe qui est un lien de plus entre elles et la métropole, où toutes les races sont sœurs, où l'on ne voit pas dans un bal une dame blanche s'offenser de ce qu'un homme de couleur l'invite à danser.

Excusez-moi de ne rien dire de plus sur votre dernière proposition, elle ne me paraît pas même discutable, tant mes convictions à cet endroit sont absolues. Bien que mes amis de la Guadeloupe aient été battus sur mes épaules aux dernières élections législatives, la représentation directe et le suffrage universel, pour les colonies, sont deux articles inébranlables de ma foi politique.

Veuillez agréer, Monsieur, l'assurance de ma considération distinguée.

(*L'Avenir national*, 15 février 1872.)

Nous ne voulons pas abandonner ce sujet sans appeler l'attention du lecteur sur le passage de la lettre de M. Picard où il « *rend hommage au bon esprit de la population guadelou-* « *péenne.* » Lorsqu'un homme est, comme l'honorable M. Picard, haut placé dans l'opinion de son pays, son témoignage est de grand poids, et les amis des colonies sont heureux de pouvoir l'opposer à la malveillance des détracteurs des nègres et des mulâtres.

———

LA PETITE PROPRIÉTÉ AUX COLONIES

———

Nous trouvons dans le journal *Les Antilles*, publié à la Martinique (numéro du 23 décembre), un triste aveu de la guerre systématique que fait ce journal aux élus du suffrage universel de la colonie. « Depuis *dix mois* » dit-il, « il s'efforce « d'engager les planteurs et commerçants de la Martinique à « constituer en France deux délégués de la propriété et de « l'industrie sucrière, chargés de surveiller les intérêts colo- « niaux, en dehors des mandataires légaux, des représentants « envoyés à l'Assemblée nationale. » Malheureusement pour ses rancunes et heureusement pour le bon ordre, il n'a pu jeter ce nouveau brandon de discorde dans l'île, « il a échoué devant l'indifférence universelle, » nous dirons, nous, devant le bon sens public. Le *Journal des fabricants de sucre* a cependant cru devoir servir cette petite conspiration, il ne craint pas d'avancer que « les députés des colonies ont « l'oreille fermée à la question des sucres, et il exprime le « regret d'avoir vu disparaître l'ancienne délégation qui, au « moins, se composait d'hommes attentifs et connaissant la « matière. »

Enlevez la représentation directe à nos départements d'outre-mer, ramenez-les au régime des délégués nommés par l'oligarchie coloniale et la bonne feuille des *fabricants de sucre* sera satisfaite !

Ce n'était là, paraît-il, qu'une attaque d'avant-garde ; un

autre journal de Paris, dit à son tour dans un article sur les Antilles, attribué à M. Lepelletier Saint-Remy par des gens fort bien renseignés d'ordinaire en pareil cas : « On s'étonne « de voir le silence absolu que gardent dans la question des « sucres les colonies dont l'intérêt est aujourd'hui si étroite- « ment lié à celui de la sucrerie indigène. »

Les représentants des colonies sont trop accoutumés à la malveillance du parti des incorrigibles, pour s'émouvoir beaucoup de ces nouvelles inventions, mais ils doivent à leurs commettants d'y répondre. Les élus de ce qu'on appelle les trois grandes colonies sont d'accord entre eux et avec leurs collègues de Cayenne et du Sénégal : mettant tous leur action en commun, s'éclairant les uns par les autres, aucun objet de leur mandat ne saurait échapper à leur sollicitude. La vérité est qu'ils parlent et agissent là où ils doivent parler et agir, qu'ils veillent aussi bien sur les intérêts matériels que sur les intérêts politiques dont ils ont accepté la charge. N'en déplaise à leurs adversaires, ils font leur devoir et le font d'autant plus volontiers qu'en défendant les producteurs du sucre de cannes ils savent que c'est dévouer leur services à tous les membres de la famille coloniale, depuis le plus riche jusqu'au plus pauvre. Aujourd'hui, en effet, grâce à l'admirable systême des usines centrales qui ont été fondées, le plus petit des cultivateurs a autant d'intérêt dans la questiou des sucres que le plus grand des colons. Un noir qui ne posséderait qu'un are de terre peut le mettre en cannes, sûr de vendre aisément sa récolte à une usine centrale.

A cet égard nous pouvons fournir un renseignement qui réjouira le cœur de tous les abolitionistes de l'esclavage. Durant l'année 1871, les petits planteurs de la Guadeloupe ont porté aux diverses usines centrales 34,710,631 kilog. de cannes, qui ont produit 3,123,956 kilog. de sucre, soit, 6,248 barriques. On estime que le nombre des cultivateurs de ces 34 millions de kilogrammes de cannes ne s'élève pas à moins de 3,000, et cela sans compter ceux qui ont fait rouler leur récolte dans des usines particulières Voilà ce que font les anciens esclaves, ces nègres « si enclins par nature à la paresse, » qu'on ne pouvait leur donner la liberté sans ruiner de fond en comble les colonies !

Ces hommes-là sont bons et ne demandent qu'à bien faire ;

laissez-les parfaitement libres, ne les irritez pas en les soumettant, sous prétexte de réprimer le vagabondage, à des arrêtés locaux qui tendent à les transformer en serfs de glèbe ; ne les obligez pas à montrer un billet de circulation au premier gendarme qui les rencontre sur une route ; remplacez beaucoup de gendarmes par des maîtres d'école ; remplacez vos arbitraires réglements de travail, par des fêtes annuelles du travail où vous récompenserez les plus laborieux ; rouvrez les caisses d'épargne qui, en facilitant l'économie, aideront encore au développement de la petite propriété ; élevez le niveau moral par d'autres moyens semblables ; faites appel aux sentiments nobles qui sont au fond du cœur de tous les hommes ; et toutes les classes de la population, enfin, traitées paternellement comme elles doivent l'être, jouissant de la véritable liberté, nos colonies seront plus prospères que jamais.

(*L'Avenir National*, 21 janvier 1872.)

LE PRÉJUGÉ DE COULEUR AUX ANTILLES

Il vient de se passer à la Guadeloupe un petit événement que nous croyons devoir livrer à la publicité, parce qu'il porte en soi son enseignement. A une soirée de M. Couturier, gouverneur de la colonie, un jeune homme de couleur, M. Geffrier, écrivain de marine, invite à danser une demoiselle de la classe blanche. Celle-ci refuse, prétextant qu'elle est engagée pour toute la soirée. M. Geffrier peut s'assurer que c'est, en lui, le mulâtre qu'elle refuse. Il en réfère naturellement au gouverneur ; mais M. Couturier semble avoir une idée très-peu commune des devoirs d'un maître de maison et ignorer que c'est l'offenser lui-même que d'offenser un de ses hôtes ; il répond qu'il ne peut intervenir, la jeune personne ayant « allégué » des invitations antérieures.

Tout cela est assurément de fort mince importance, et il ne vaudrait pas la peine d'en parler si les choses en étaient restées là. Mais le lendemain, M. Cleret, beau-frère de la jeune créole, encouragé par le parti pris du gouverneur, et se prévalant de son titre de sous-commissaire de marine, somme le jeune écrivain de se rendre à son bureau. Là, il lui reproche de s'être permis de s'adresser à sa belle-sœur; il le traite d'impertinent et ajoute qu'il compte bien qu'il ne s'exposera pas à un nouvel affront. Voilà où en sont encore aujourd'hui les sentiments de quelques blancs à l'égard des mulâtres ! M. Geffrier, ainsi malmené par un officier d'un grade supérieur au sien, observe les lois de la discipline militaire; il ne réplique pas un mot, il se contente de porter plainte auprès de leur chef à tous deux, M. Mazé, l'ordonnateur. M. Mazé, après enquête, est forcé de reconnaître que M. Cleret a fait abus de son autorité, mais par malheur lui aussi est un colon de l'école retardataire. La conduite de M. Cleret lui inspire une indulgence sympathique, il se borne à lui infliger cinq jours d'arrêt simple, punition vraiment dérisoire, quand il s'agit d'une faute aussi grave que celle d'un supérieur insultant son inférieur.

Quelques jours après, M. Geffrier, atteint d'une bronchite, entre à l'hôpital. Il a le tort d'y violer le règlement qui interdit aux malades d'une salle de communiquer avec les malades d'une autre salle. Il reçoit deux sous-officiers au moment où il prenait le thé, et leur en offre une tasse. Le commissaire de l'hôpital le met pour cinq jours aux arrêts et, comme de droit, fait son rapport à l'ordonnateur.

M. Mazé, trop heureux de pouvoir venger son ami M. Cleret, trouve que cinq jours d'arrêt ne sont pas suffisants pour une pareille infraction au règlement, il double la peine. M. Geffrier a le malheur de réclamer. M. Mazé taxe sa réclamation d'acte d'insubordination et lui impose quinze jours de prison au Fort, avec défense de communiquer avec qui que ce soit. M. Geffrier, dès qu'il fut convalescent, a passé de l'hôpital au Fort, où sa mère et son frère ont sollicité en vain la permission de voir ce grand coupable.

Il n'y a plus maintenant qu'à tâcher d'être envoyé dans une autre colonie, autrement sa carrière serait bientôt brisée. Il est si facile à un chef, une fois indisposé contre un employé sous ses ordres, de le trouver en faute et souvent de lui en faire commettre ! Nous ne serions pas même surpris que notre écrivain de marine, exaspéré par la rigueur de la punition doublée, n'ait usé de quelque parole imprudente dans la réclamation qui lui a valu quinze jours de prison.

Il n'en coûte pas moins à un mulâtre, reçu chez le gouverneur de la Guadeloupe, pour inviter à danser une jeune personne blanche mal conseillée. Nous ne l'ignorons pas et nous nous hâtons de le dire, il y a dans la classe blanche beaucoup d'hommes et de femmes éclairés qui blâment les idées d'un autre temps dont M. Geffrier est aujourd'hui victime, tant il est vrai que plus d'une dame blanche lui ont fait l'honneur de danser avec lui ! Néanmoins, les suites de cet incident, si puéril à son origine, montrent combien il importerait d'avoir aux Antilles, surtout dans les hauts emplois, des fonctionnaires étrangers aux anciennes distinctions de classes et se faisant un devoir de suivre les sages instructions du ministre de la marine, M. l'amiral Pothuau. Rien de semblable n'arriverait à la Martinique sous l'administration impartiale de son gouverneur actuel, M. l'amiral Cloué.

Que M. Couturier eût, à son exemple, déclaré haut et ferme que tous ses invités étaient égaux chez lui, qu'il ne voulait pas connaître le préjugé de couleur, que les personnes encore assez déraisonnables pour prétendre le porter sur le terrain neutre de l'hôtel du gouverneur, devaient avoir le bon goût de ne pas s'y présenter ; les incorrigibles se le seraient tenu pour dit, et une misérable contre-danse ne serait pas devenue une grosse affaire propre à alimenter les passions de parti.

(Le Rappel, 1er juin 1872).

On a ici un nouvel exemple du mal que fait aux Antilles le préjugé de couleur. L'ordre matériel ne peut porter tous ses fruits, s'il n'est accompagné de l'ordre moral, et il n'y aura pas d'ordre moral dans nos colonies aussi longtemps qu'une classe de la population persistera à offenser l'autre par d'intolérables prétentions à une supériorité de naissance. En abolissant l'esclavage des noirs, on ne pouvait, hélas ! détruire du même coup le préjugé de couleur, qu'il avait engendré, et il n'était pas permis d'attendre des colons qu'ils eussent la sagesse de se guérir eux-mêmes de cette maladie mentale, dont ils avaient sucé le virus avec le lait de leurs nourrices. Il fallait la traiter habilement : d'abord, répandre à flots l'instruction, qui aurait puissamment contribué à rapprocher les races en les éclairant ; ensuite, admettre dans les fonctions publiques les Mulâtres et les Nègres propres à les remplir, de sorte que les Blancs, amenés par la force même des choses à les voir en égaux sur le terrain légal, perdissent insensiblement leur ancienne objection à les considérer de même sur le terrain privé. Pénétré de cette idée, le gouvernement émancipateur de 1848 la mit en pratique, et il trouva dans les deux classes de couleur des sujets dignes et capables de servir l'Etat à différents degrés. Que n'a-t-on suivi ce système avec modération, mais avec fermeté ! Comme le préjugé de couleur n'est après tout qu'un préjugé, il se serait peu à peu corrigé, et l'on aurait, dans l'espace de deux ou trois générations, réparé le cruel mal fait par deux siècles d'esclavage.

Malheureusement, l'autorité, loin de s'attacher à opérer ainsi dans la mesure du possible, a entretenu l'antagonisme en refoulant les hommes de couleur dans un isolement injurieux. Elle a, dès 1850, systématiquement révoqué, destitué à peu près tous les employés de cette catégorie placés par le gouvernement provisoire, même ceux qui avaient rendu les services les plus éclatants à l'heure des dangers ; partout elle leur a substitué des Blancs. Qu'en est-il résulté ? Des hostilités de races qui nuisent au bien-être de tous. L'autorité est de la sorte véritablement responsable de la force que garde encore le préjugé de couleur. Le passé léguait aux colons une tâche bien difficile à accomplir. Anciens maîtres souverains, habitués à traiter autrefois les hommes de couleur libres en inférieurs, il n'est pas très-surprenant qu'ils se soient cabrés en voyant ceux-ci ne plus consentir à les regarder en supérieurs. L'orgueil de caste, si ridicule qu'il soit, est de toutes les aberrations de l'esprit humain la plus difficile à dissiper. Quels privilégiés ont jamais consenti à abandonner leurs priviléges de bonne grâce ? Il y a pour les fautes de l'oligarchie coloniale sinon une excuse, du moins une explication, mais on ne découvre ni excuse ni explication pour la conduite du dernier gouvernement. Sa mission était de ramener les anciens maîtres à des idées plus saines, plus équitables, en tenant la balance égale entre les trois classes, appelées pour leur bonheur commun à n'en plus faire qu'une. Au lieu de s'y attacher, il a envenimé la plaie en ne donnant pas aux anciens opprimés leur part légitime. Par bonheur, l'amiral Pothuau honore son ministère en travaillant à la leur rendre. Il a déjà fait beaucoup dans cette voie, et il deviendra l'un des bienfaiteurs des colonies en y fondant le régime de l'égalité de tous à égalité de mérite. Nous en avons pour garant cette belle circulaire, qu'il adressait à chaque gouverneur de nos colonies dès le mois d'août 1871 : « ... Le « gouvernement ne reconnaît pas de classes dans la société « coloniale, il y ouvre à tous les citoyens l'accès des fonctions « publiques, sans autre condition que celle de l'honorabilité « et de l'aptitude. C'est donc uniquement à ces deux con- « ditions qu'il faut s'attacher lorsqu'il s'agit de recruter le « personnel des divers services de la colonie, et c'est le « candidat qui les réalisera le mieux qui doit toujours être « préféré par l'administration coloniale, soit pour les nomi- « nations qu'elle est appelée à faire elle-même, soit pour les « propositions soumises à mon approbation. Je vous prie de « communiquer les observations qui précèdent aux chefs « d'administration de la colonie et de tenir la main, au « besoin, à ce que la ligne de conduite qu'elles tracent soit « suivie avec une impartialité et une justice absolues. Signé. « *Le vice-amiral, ministre de la marine et des colonies,* « POTHUAU. »

Là est la vérité, et, si l'on y « tient la main, » là est l'avenir de paix et de prospérité des sociétés coloniales.

CINQ HOMMES EXÉCUTÉS A LA MARTINIQUE

On vient d'exécuter à la Martinique cinq hommes con- damnés à mort par un conseil de guerre, au mois d'avril dernier, à la suite d'une insurrection qui avait éclaté dans un quartier de l'île. Leur sentence était juste, les débats du procès ne laissent point de doute à cet égard ; toutefois, leur exécution n'en paraît pas moins un acte d'excessive sévérité.

Certes, les crimes auxquels ils ont participé sont horribles et l'iniquité manifeste d'un arrêt antérieur contre un homme de leur classe, iniquité qui a pu exaspérer, égarer bien des esprits, ne saurait pas plus les expliquer que les excuser. Mais comment excuser cette hécatombe de cinq créatures humaines, si coupables qu'elles puissent avoir été, huit mois entiers après leur condamnation, alors que les premières colères légitimement soulevées contre les insurgés étaient éteintes, alors que l'indignation publique, calmée par le temps, ne criait plus vengeance, alors qu'on avait presqu'oublié ces malheureux !

La civilisation moderne a enfin reconnu qu'il n'est pas sans danger pour la morale d'arracher la vie même à un meurtrier. Depuis longtemps, dans plusieurs Etats de la fédération américaine et aussi en Angleterre, où les efforts des philanthropes n'ont pas encore réussi à obtenir l'abolition de la peine capitale, on ne l'applique plus qu'à huis-clos : elle n'est plus, comme il arrive trop souvent partout, un spectacle où se donnent rendez-vous les plus brutales passions. Il est assurément toujours d'un très-mauvais exemple de verser le sang, fût-ce au nom de la vindicte publique, mais en verser tant à la fois !

Il y a 2,500 ans, la législation athénienne ne permettait pas de mettre à mort deux criminels le même jour, et la chrétienne Martinique, avec son évêque, sa cathédrale et son livre « révélé, » qui lui dit : « tu ne tueras pas, » en tue cinq en une matinée !

Nous le répétons ; nous ne sommes pas tenté de dire que trois assassinats accompagnés d'incendies et aussi affreux que ceux commis par les insurgés de la Martinique ne méritent pas les rigueurs de la loi : l'assassinat et l'incendie seront toujours pour nous des crimes de droit commun, mais si l'on croyait indispensable une justice sanglante, une seule tête n'aurait-elle pas dû suffire? N'aurait-on pas dû aussi se rappeler que les cinq condamnés étaient eux-mêmes victimes de l'ignorance profonde dans laquelle la société les avait plongés. La meilleure preuve qu'il y avait dans leurs forfaits quelque chose d'exceptionnel, c'est que l'autorité a jugé sage de consigner toutes les troupes, tous les agents de la force publique sur la surface entière de l'île, le jour de leur exécution. Une pareille mesure, que du reste nul ne peut blâmer, était heureusement superflue, car l'insurrection avait été toute locale, mais, certes, l'autorité n'aurait pas cru devoir la prendre si les hommes menés au supplice eussent été des assassins et des incendiaires de l'espèce de ceux qui n'inspirent à tout le monde d'autre sentiment que celui de l'horreur.

Puisse du moins cette quintuple exécution provoquer les amis de l'humanité à redoubler d'ardeur pour obtenir la grande réforme, objet de leur vœu, puisse-t-elle quintupler le nombre des partisans de l'abolition de la peine de mort, et puissions-nous voir, en attendant, tous les Français refuser l'office de bourreau.

(*L'Avenir National*, 7 janvier 1872).

SOUSCRIPTION POUR LA LIBÉRATION DU TERRITOIRE
AUX COLONIES

Cette souscription a été prise à cœur par toutes les classes aux colonies. Le patriotisme des Français d'outre-mer ne se dément jamais. A la Martinique, Mme Cloué, femme de M. l'amiral gouverneur, s'est mise chaleureusement à la tête de l'œuvre, et le dernier paquebot nous apprend qu'à la date du 5 avril, on n'avait pas recueilli moins de 138,502 fr.

Les bâtiments de la station navale des Antilles ont aussi voulu contribuer ; les marins sont toujours prêts à rendre au pays tous les genres de services ; ils ont donné 13,381 fr., dont voici le détail :

La *Minerve*	7,234 fr.
Le *Château-Renaud*	2,491
Le *Magicien*.	518
L'*Amazone*	1,695
Le *Diamant*	1,443
	13,381

A la Réunion, la première somme recueillie a été de près de 45,000 fr., que MM. Mahy et Laserve, selon le vœu de leurs commettants, ont versée entre les mains de M. Thiers. D'autres envois de fonds sont annoncés.

Les indigènes du Sénégal viennent d'adresser à M. Lafon Fongaulfier, représentants de la colonie, une traite de 8,916 fr., destinés au même objet. La chambre de commerce de Saint-Louis a fait de son côté une souscription qui atteignait, au moment où l'on nous écrivait, le chiffre de 20,000 fr.

A la Guyane, nous voyons par le *Moniteur de Cayenne* du 27 avril, que la souscription ouverte depuis peu s'élevait déjà à 39,117 fr. Tout le monde, jusqu'aux plus pauvres, voulait y prendre part ; il y a des souscriptions de 50 cent. ; d'autres, faute d'argent, envoyaient des dons en nature : « un madras, une petite bague en or, une jupe, un foulard, une petite boîte, un châle en laine de couleur, un chapeau de Panama, une robe de mousseline, un vase à fleurs, » etc. Que de véritables sacrifices il y a dans de pareilles offrandes ! Les mêmes faits si touchants ont été remarqués à la Réunion. Des femmes ont vendu leurs bijoux.

Inutile de dire pourquoi la Guadeloupe ne figure pas dans ce tableau, nouveau témoignage du dévouement de nos colonies à la mère-patrie : la Pointe-à-Pitre, sa capitale, tout entière réduite en cendres, ne lui laisse rien à donner.

Nous le savons, le gouvernement et l'Assemblée sont aussi préoccupés qu'ils le doivent être, de payer au plus vite l'énorme rançon qui pèsera longtemps sur nous, et de délivrer les départements encore envahis, d'abréger les souffrances matérielles et morales de six départements qui subissent encore la présence de l'ennemi.

Nous ne les accusons pas de méconnaître le caractère d'urgence de la souscription dont les femmes ont pris la noble initiative, mais l'accueil fait à cette souscription partout où il y a des Français, si loin qu'ils puissent être, nous fait chaque jour regretter davantage que le gouvernement et l'Assemblée n'aient pas cru devoir y donner leur patronage ou au moins leur approbation.

En la refusant, ils ont paralysé l'élan des sacrifices individuels que la nation se montrait disposée à faire. Nul ne pouvait espérer que ces sacrifices pussent atteindre le but désiré, réaliser une somme de trois milliards, mais ils y auraient certainement aidé.

(Le Rappel, 25 juin 1872).

Au sujet de cet article, notre honorable ami M. Guilliod père nous a adressé la lettre suivante, où l'on voit que « les bonnes gens de la Guadeloupe » méritent toujours bien le nom que leur a donné la voix populaire :

« ...... J'ai lu avec plaisir votre article du *Rappel*, au sujet de la souscription pour la libération du territoire. La part que vous assignez aux colonies dans cet élan se justifie par le résultat. Je regrette seulement que vous n'ayez pas su ce que faisait notre chère Guadeloupe. Si elle n'a pas été à la hauteur des efforts accomplis par la Martinique, elle n'est pas, si cruellement éprouvée qu'elle soit, demeurée insensible à cet élan patriotique.

« A la Pointe-à-Pitre, sur les ruines de l'incendie pour ainsi dire, une quête a eu lieu par les soins du maire et sur l'initiative du Gouverneur, des dames se sont grâcieusement chargées de la faire et elle a produit environ 10,000 fr.

« Il y a eu d'autres quêtes, notamment à la Basse-Terre, où les fonctionnaires civils et militaires ont contribué ; les maires des communes ont pris la chose en mains, et certes si la Guadeloupe ne subissait pas en ce moment un nouveau malheur, si une sécheresse terrible n'y réduisait pas d'un bon tiers la magnifique récolte qui se préparait, on eût vu d'autres résultats que ceux qui sont accusés par la *Gazette officielle*.

« Malgré notre détresse, notre concours eût aussi été plus grand sans l'espèce de défaveur jetée sur cette entreprise vraiment nationale, par l'abstention du gouvernement et de l'Assemblée. Beaucoup se sont arrêtés pensant que les efforts n'aboutiraient qu'à quelque chose d'insignifiant. »

« Signé : Guilliod. »

(Les deux premières parties de cette brochure ont paru dans le *Journal d'Outre-Mer*.)

Imp. Moderne (Barthier, dr), rue J.-J. Rousseau, 61.

www.ingramcontent.com/pod-product-compliance
Lightning Source LLC
Chambersburg PA
CBHW051232030726
47595CB00003B/856